来自德国的问候
预祝您拥有一个美好假期!

亲爱的读者:

或许您会问自己,为何您买了一本德国而非本国制作的旅行指南?但请放心,您已经为此做出了一个正确而又明智的选择。

在2012年中国取得全球旅行冠军之前,该头衔一直被德国保持。对于德国这样一个"小国家"来说,这是令人惊叹的!原因可能是,自1950年开始,旅行的梦想对于广大的德国人来说开始变得更为现实。因此,梅尔杜蒙在与北京出版集团的合作中茁壮成长。

"梅尔杜蒙"的故事是冒险的旅程到成为家族的旅三代,现由创始人的孙女继今的"梅尔杜蒙"已是欧洲品牌。一个了不起的故事,从充满行事业,直至今天已传承续领航这一成功之旅。如旅游产品领域遥遥领先的

手握这样一本旅行指南,您可以高枕无忧。请您相信,无论您要去的是世界的哪个地方,梅尔杜蒙近百年的专业经验以及适合中国旅行者的本土化信息,都可以帮您更精确地了解旅行目的地。

请您开始一段全新的奇遇之旅吧!

这本书会是一个随时陪伴您的伙伴,预祝您有一段充满新的发现和希望的完美旅程!

中国作者
段卉琳

德国作者
马克·马卡得（Mark Markand）

她是超级热心肠的旅行达人兼摄影师，爱摄影，爱记录，爱分享。曾从事于朝九晚五的办公室工作，辞职后，成功成为一名自由职业者。走过20多个国家，70多座城市。体验过极致的奢华，也尝试过赤足行走的酸楚。无论是东南亚的热带风情、亚洲的多彩人文，还是来自南半球的温暖，每一段旅程，都是对自己新的审视。

马克的理想职业是旅行指南作者，但有的时候，长时间地连轴转实在是太累人了。不过，即使马克刚从遥远的地方回来，比如越南和缅甸，他也会因为能在苏梅岛和帕岸岛待上几天而兴奋许久。在这些美丽的岛屿上，就算是有工作也像在度假！

梅尔杜蒙的故事

希尔德（Hilde）和库尔特·梅尔（Kurt Mair）是为旅行而生的。早在20世纪20年代第一次世界大战刚刚结束时，他们就驾驶着汽车或者摩托车穿梭在欧洲大陆上。漏气的轮胎、过热的冷却机、失灵的刹车，这些都无法阻挡他们前进的步伐。那时有很多我们今日无法想象的场景，甚至没有一张地图！即使是这样，连撒哈拉大沙漠也无法阻挡梅尔夫妇的冒险之旅。同样他们也会做测绘之旅，这些被探测的路况信息会被精确地整理和保存。第二次世界大战结束后，1948年，库尔特·梅尔成立了公司，路书和地图册是他们的主营产品。库尔特·梅尔离世后，他时年26岁的儿子福尔克马尔（Volkmar）继承并领导这个企业，为今天的梅尔杜蒙集团打下了基石，使集团成为一个全球性的媒体集团，其在全球拥有多家办事处，员工380名，年销售额约1亿欧元。

今日的梅尔杜蒙集团不仅仅提供地图，旅行指南、旅行画册、旅行冒险和电子产品构成了集团丰富的产品组合。在中国，梅尔杜蒙与北京出版集团于2014年成立了合资公司，开始服务于中国旅行者日益增长的需求。

苏梅岛　帕岸岛

- **8** 欢迎来到苏梅岛、帕岸岛
- **14** 当地锦囊
- **16** 体验苏梅岛、帕岸岛
  - 16 免费畅游
  - 17 本色苏梅岛、帕岸岛
  - 18 雨天游玩
  - 19 休闲之所
- **20** 潮流之选
- **22** 苏梅岛、帕岸岛面孔
- **28** 美食
- **32** 购物
- **34** 苏梅岛北海岸
  - 34 邦宝海滩/班泰海滩
  - 36 湄南海滩
  - 38 波菩海滩
  - 41 大佛海滩
- **44** 苏梅岛东海岸
  - 44 通子湾

  - 45 通赛湾
  - 46 曾蒙海滩
  - 47 查汶海滩
  - 51 小查汶海滩
  - 52 珊瑚湾海滩
  - 53 通塔黑安湾
  - 53 拉迈海滩
- **58** 苏梅岛南部和西海岸
  - 58 那迪恩海滩和拉林
  - 60 班考湾和丁克鲁特湾
  - 62 塔林甘海滩
  - 64 桑蒂湾
  - 65 纳吞
- **68** 帕岸岛南部和东海岸
  - 68 通沙拉
  - 71 班泰海滩和班凯海滩
  - 73 林海滩

图标		酒店价格	餐厅价格
当地锦囊	当地锦囊	￥￥￥ 超过人民币400元	￥￥￥ 超过人民币55元
★	必游景点	￥￥ 人民币240~400元	￥￥ 人民币30~55元
●●●●	体验苏梅岛、帕岸岛	￥ 低于人民币240元	￥ 低于人民币30元
☼	远眺点	旺季里的双人海景房	包含主菜和配菜，不含饮料
♥	适合环保、生态旅游		
(*)	拨打需付费的电话号码		

苏梅岛（Ko Samui）又称阁沙梅岛，帕岸岛（Ko Phangan）又称阁帕岸岛。在此统一说明，文中不再一一注明。

目录

- 76 提恩海滩和萨得海滩
- 78 通奈潘伊海滩和通奈潘诺海滩

80 帕岸岛西部和北海岸
- 80 奈沃克湾/沃克通湾
- 82 斯塔露海滩/柴老海滩
- 83 长滩
- 84 湄哈湾
- 85 查洛克拉湾
- 87 瓶子海滩

88 独特体验之旅
- 88 苏梅岛、帕岸岛最美之旅
- 92 苏梅岛：宁静的南方
- 95 苏梅岛：登上山丘

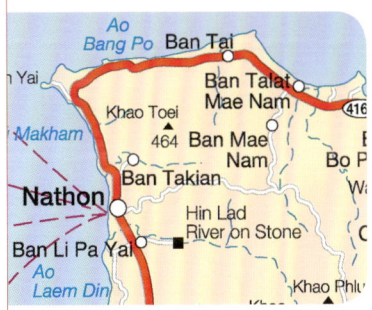

- 97 帕岸岛：一路向东

100 户外活动
104 带着孩子旅行
106 每月节庆与活动
108 旅行随时查
110 实用信息
118 教你当地话
122 索引
128 禁忌事项

信息检索
历史事件表→P.10
特色美食→P.30
书籍/电影→P.43
物尽其用→P.55
皮影世界→P.62
受保护的身体艺术→P.72
大象和旅游业→P.78
家庭关系→P.84
节庆日→P.107

苏梅岛天气→P.116
货币汇率→P.117
泰语→P.119

地图标注
（折页A-B2-3）：折页地图上的位置

欢迎来到苏梅岛、帕岸岛

　　一抵达苏梅岛（Ko Samui），就能体会到假日心情！泰语里的"Ko"代表"岛"，但是泰国的岛和别处的岛是不一样的。世界上还有哪个机场会把飞机停在棕榈树林的中央呢？穿着花衬衫的驾驶员驾驶着画着热带花卉的敞篷电动车接载游客，将他们带入有着田园诗风情的航站楼——它看起来就像是一个海滩度假胜地。欢迎来到苏梅岛！

　　椰子树、梦幻海滩、蔚蓝色大海上五彩的渔船和微笑的岛民……这些就像一片片拼图拼凑成一张幸福的热带岛屿风情照片，这就是苏梅岛——洋溢着南洋风情的泰国岛屿。这里的生活既可以安静也可以浮华，既可以简单又可以别致，就像您既可以在吊床上晒太阳，又可以在迪斯科舞厅享受充满活力的夜生活。在相邻的帕岸岛（Ko Phangan）上，丛林一直生长到海边。在安静的海湾，您仍然可以想象得到第一批嬉皮士在泰国湾（Golf of Thailand）发现这些岛屿时的情景。无数人还会参加在这里举行的全球最大的海滩派对——满月派对（Full Moon

上图：苏梅岛通塔黑安湾的银色海滩

苏梅岛　帕岸岛

Party）。苏梅岛和帕岸岛——两个岛屿，同一个热带之梦！

在1988年机场落成的时候，人们都担心这梦幻般的热带天堂会就此终结。但无论如何，从当年那些乘坐渔船前往苏梅岛和帕岸岛的人们的记录来看，不要说空调住宿，岛上连最基础的旅游设施都没有。所以可以肯定的是，机场确确实实能够促进苏梅岛的发展，并为其带来国际游客。20世纪70年代第一批游客居住过的那些盖着棕榈叶的竹屋已经消失，取而代之的是超过1 700个各种价位的酒店与度假村。旅游业的蓬勃发展确实改变了苏梅岛，但并没有破坏这座棕榈之岛的魅力。建筑与自然景观完美融合，您仍然可以找到天堂般的沙滩和寂静的角落，还可以在帕岸岛上像嬉皮士那样睡在棕榈叶覆盖的小屋里。

> 游客改变了这座岛，但没有摧毁它。

苏梅岛的面积为228.7平方千米，不到崇明岛（中国第三大岛）的1/4，是排在普吉岛（Phuket）和象岛（阁昌岛，Ko Chang）之后的泰国第三大岛。5万岛民中大部分都是佛教徒，大约20%的岛民是穆斯林，虽然信仰不同，但他们都为自己是苏梅岛人而感到自豪。首府纳吞（Na Thon）有6 000名居民，是目前岛上最大的定居点。旅游业集中在美丽的查汶（Chaweng）、拉迈（Lamai）和湄南（Mae Nam）上。

8—11世纪 泰国人从中国南部迁移到当时主要由高棉人（Khmer）占领的中南半岛。

1687年 在西方还不知道这座岛存在的时候，苏梅岛第一次出现在古代中国地图上。

18世纪 来自中国海南岛的定居者沿着中国南海航行到泰国湾，并定居在苏梅岛。

1896年 苏梅岛正式设立行政区。

欢迎来到苏梅岛、帕岸岛

热带花园里的千手观音庙中有独特的宗教建筑

史书上没有记载苏梅岛居民的来历,但历史学家认为,第一批永久定居者来自18世纪的中国和马来半岛。他们住在一些小村庄里,基本上可以依靠大海和岛上的肥沃土壤自给自足。

岛北方的泰国湾沿岸是绵延数千米的细沙沙滩。即便是在旅游旺季,您也至少可以独享长100米的沙滩。另一边,东海岸风景如画的岩石海湾与海滩更加热闹。南部和西部的海岸较为原生态,水也很浅。

> **苏梅岛人有中国人和马来人的血统。**

1932年
在不流血政变之后,国王失去了绝对的权力,泰国成为君主立宪制国家。

1939年
暹罗更名为泰国(意为"自由之国")。

自1940年起
富饶的苏梅岛吸引了来自大陆的定居者,但整座岛上连一条街道也没有,与外界唯一的交流方式就是夜行船。

1969年
苏梅岛开始建设环形公路。

苏梅岛　帕岸岛

原始的热带雨林已被砍伐殆尽，野生动物逐渐消失，但苏梅岛并没有沦为荒地，次生林一直覆盖在岛内海拔635米的山上。您在这里找不到古代文明的遗迹。岛民们都知道，大自然是他们唯一的资产，人们不会以摧毁自然景观为代价建设饭馆，旅游业的发展也同样不能影响这儿的主海滩——查汶海滩（Chaweng Beach）。

> **自然是岛民唯一的资产。**

围绕岛屿山区的环形道路十分狭窄，但在某种意义上，它也表现出了建设者的高明之处：他们没有沿着海岸规划这些道路，而是在海湾和道路之间留出了未来建造度假村的空间。无论您在哪里入住，都会被海浪声而不是汽车喇叭声唤醒，尤其是在北海岸。在湄南海滩（Mae Nam Beach）上，零星的度假村坐落在棕榈林中。波菩（Bo Phut）和大佛（Big Buddha）两个海滩上的住宿靠得更紧密些。

如果您更喜欢热闹，可以移步到东海岸。大部分的度假村都位于绵延4千米的雪白的查汶海滩，它是苏梅岛的旅游中心。每到晚上，这里就会变成迷人的户外餐厅。沿着海边大街漫步，您会发现与沙滩日常的浪漫气氛截然不同的另一面。在这里，餐馆、商店、裁缝店、酒吧、网吧都连在一起，颇具烟火气。这条街也在不停地新建与重修，这个铺位今天可能还是一家旧式双层小店铺，明天可能就是个带空调的超市了。位于东海岸南部的拉迈海滩（Lamai Beach）也受到了这股建筑热潮的影响，但如果您继续沿南海岸向西返回纳吞，就可以一览这里原有的面貌——旅游业至今仍然没有渗透到这里来。

苏梅岛岛民们知道如何生活是最轻松的，这也许就是岛民比泰国大陆居民有更多时间、也更容易露出笑容的原因。无论游客是前往豪华度假村，还是造访稍显简陋的小木屋，苏梅岛总能撼动人的灵魂，甚至还有一些人仿佛是中了这座岛的咒语，永远都不想离开。

- **1972年** 建造大佛。
- **1988年** 私人航空公司——曼谷航空建造了苏梅岛机场。
- **2014年** 政变后，军队夺取政权。
- **2016年** 备受尊敬的国王普密蓬·阿杜德（Bhumibol Adulyadej）去世，享年88岁。50天后，他的儿子玛哈·哇集拉隆功（Maha Vajiralongkorn）成为新国王。

欢迎来到苏梅岛、帕岸岛

苏梅岛街景：享受新鲜月桂香味的片刻

苏梅岛和20千米外的帕岸岛是一对迥然不同的姐妹。这不仅是因为帕岸岛191平方千米的面积比起苏梅岛少了将近1/5，还因为这座可爱的岛有一些野性魅力。帕岸岛上海拔600多米的山非常崎岖，这座岛上平坦、可用的土地非常罕见，几乎所有的海滩后面都丛林遍布。这里有一条环岛公路，在当年这是接近10 000口的居民想都不敢想的。他们非常高兴能与岛上的主要城镇通沙拉（Thong Sala，大约有2 000居民）连接起来。这条路一直铺到北部渔村查洛克拉（Chalok Lam），但有些海湾仍然只能乘船抵达。在帕岸岛，仍然只需人民币几十元就能租到那些与曾经安置了第一批苏梅岛背包客的简单小屋相似的住所。岛上只有少数几个豪华度假村。当然，还有林海滩（Hat Rin Beach）备受关注的满月派对，在震耳欲聋的铁克诺音乐（Techno Music，译者注：又译作"高科技舞曲"，是一种电子音乐）的刺激下，来自世界各地的派对狂欢者在这里一起狂欢。林海滩代表了一些年轻人的想法：他们不想去探索，甚至不想改变世界，他们只想玩得开心。

> 帕岸岛：苏梅岛更野性更原始的姐妹。

除了林海滩上超级吵闹的满月派对，帕岸岛可以说是一个未受破坏的宁静之岛。背包客已经发现了这个岛，在越来越多的游客到来之前，这儿还是个不错的地方。

当地锦囊

从所有的当地锦囊中,我们为您挑选出了15条最棒的旅行建议。

当地锦囊 ▶ 清晨的修行

如果您不想参加为期数日的瑜伽课程,您可以去帕岸岛的圣所度假村,在那儿您可以看心情参与每日课程。→ **P.92**

当地锦囊 ▶ 和佛像住在一起

佛像金色的光辉照耀着波菩的莱哈慈恩达酒店,您可以在屋顶泳池中欣赏海水折射的光辉。→ **P.41**

当地锦囊 ▶ 一次游览5个岛屿

想当一回鲁滨孙吗?乘坐私人长尾船可以一次性游览苏梅岛西海岸的5个岛,然后在一家顶级餐厅中享受美食。→ **P.63**

当地锦囊 ▶ 海滩上的宝塔

丁克鲁特湾的兰穆塔是岩石海滩上一个鲜为人知的地标,值得绕路去看它一眼(上图)。→ **P.61**

当地锦囊 ▶ 在船上享用美味

在班泰的渔人家,您可以享受阳光和品尝新鲜的海鲜——要坐一坐长尾船吗?→ **P.72**

当地锦囊 ▶ 梦幻般的宁静

在通子湾的别墅里享受宁静,放松身心。→ **P.45**

当地锦囊 ▶ 在礁石上

水上别墅高高地建在海岸边的礁石上。帕岸岛上的皮拉萨佛度假村提供了最棒的观景台——就算在酒店里也能欣赏到顶级美景。→ **P.77**

当地锦囊 ▶ 蜗牛和芒果蛋糕

在帕岸岛的胡椒餐厅,您可以享受如在欧洲一般的顶级体验。→ **P.83**

东北部的美食之旅

如果您前往泰国南部，一定不能错过泰国其他地方的特色菜。您可以在拉迈海滩的埃斯恩国际餐厅质朴的环境下享受泰国东部的辛辣菜肴。→ P.54

沿着君王的足迹

欣赏让朱拉隆功国王与普密蓬·阿杜德国王兴奋不已的萨得瀑布。→ P.76

友善且亲近

湄南海滩的洛丽塔别墅多年以来一直有一批忠实的粉丝。→ P.38

照片如画

用相机"绘制"的奇妙美丽的照片，由顶级摄影师卡梅隆·汉森在山顶画廊为您呈现。→ P.43

更有价值的纪念品

香草的香气，辣椒的辛辣，异国情调的气味……如果您爱上了泰国菜，您应该上一次烹饪课；金边粉、绿咖喱和泰式酸辣汤，您都可以自己亲手做。您可以在波菩的泰式厨艺课程学习这一切。→ P.39

在寺庙里享受汗蒸

您可以在这个寺庙享受汗蒸。无论您怀有怎样的信仰，帕岸岛澎庙中的草药桑拿和宽敞的花园都为您开放。→ P.72

满月派对

世界闻名的满月派对让帕岸岛成为全世界派对爱好者心驰神往之地，而在非满月时，海岸举办的大型派对也毫不逊色（下图）。→ P.106

体验苏梅岛、帕岸岛

免费畅游
既省钱,又能发现新事物

省钱有道

● **电影沙滩**
海滩露天电影院:每周二晚上,提恩海滩圣所度假村的银幕上总会放映人文或自然的电影,任何人都可以免费入场。
→ P.77

● **丛林浴**
在丛林中沐浴和放松身心:雨季后,苏梅岛上的纳蒙瀑布飞流直下(下图),在岩石间为所有人"挖出"了天然浴池。什么都不要想,泡进去享受吧! → P.57

● **与僧人相遇**
几十年来,克里王卡拉庙与越信庙都是当地朝圣者的目的地,后者十分拥挤,而在前者更能享受到宁静的氛围。门票免费,欢迎捐款。→ P.63

● **在度假村中阅读、观影**
在苏梅岛图书馆精品设计酒店不仅可以阅读超过1 000本书(英文),还可以在房间内的DVD播放机中欣赏超过1 000部电影。→ P.50

● **乘着皮划艇穿过桑蒂湾**
沿着桑蒂湾5千米长的海岸线悠闲地划船。住在拉甲普拉克苏梅岛度假村的客人可以免费借用皮划艇。→ P.65

● **奈庙与神魔陵园**
奈庙被认为是帕岸岛最古老的建筑,建筑底部的恶魔雕像保护着它不为人知的内部。同时不要错过在它旁边大树下的神魔陵园!免费进入。
→ P.72

本色苏梅岛、帕岸岛
不容错过的特色体验

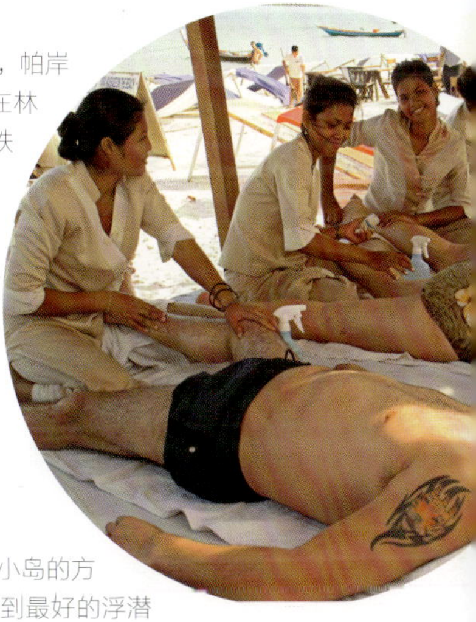

● **满月派对**

在沙滩上起舞：当圆圆的月亮升起时，帕岸岛便开始上演世界上最大的海滩派对。在林海滩，上千名狂欢者在满月派对上随着铁克诺、摇滚和雷鬼音乐起舞，直到天明。
→ P.106

● **在沙滩上享用美味**

摇曳的火炬之光，轻柔的海浪，放在桌上的炭火烤鱼——没有什么比在沙滩上用餐更浪漫了。在日落时分，查汶海滩就变成了一个巨大的露天餐厅。→ P.48

● **乘长尾船进行浮潜**

乘坐传统的长尾船是最适合前往离岸小岛的方式，去苏梅岛南部的丹岛，在那里您会找到最好的浮潜地点。→ P.62

● **像嬉皮士一样生活**

这里的传统平房有棕榈叶铺成的屋顶、竹制的墙壁。在帕岸岛提恩海滩的梁式别墅里，您仍然可以像曾经的嬉皮士一样生活。→ P.77

● **夜生活**

欢迎进入夜生活！在苏梅岛的各色俱乐部与迪斯科舞厅里，派对不断，查汶海滩夜生活的热闹总是接连不断的。在绿芒果酒吧里，2 000多人把气氛炒到了最高点。→ P.50

● **在丛林中的佛像**

佛像在泰国无处不在。然而，想要在一个丛林里把所有佛像看个遍，只有在苏梅岛迷人的泰明魔法佛园里才可能。→ P.96

● **在海滩上按摩**

在苏梅岛，您不必去水疗中心，因为几乎任何海滩上都提供足部按摩和泰式按摩服务，波菩也不例外（上图）。→ P.39

本地特色

雨天游玩
下雨天，也美妙

● **与蛇零距离接触**
您是否曾梦到过肩上缠着一条手臂那么粗的蛇？在苏梅岛蛇农场，就能实现您的（噩）梦——以后还能和您孙子说说这件事呢。→ P.61

● **购物万岁**
一旦您进入查汶的中央百货，外面是否在下雨就不那么重要了。这里有200多家商店，在酒吧和餐厅里，您是不会觉得无聊的。→ P.49

● **自己当大厨**
辣酸香料应该如何放入虾汤？如果您想知道，就到查汶海滩的苏梅岛泰国美食艺术学院学习泰式烹饪（上图）吧。→ P.49

● **二手书**
带来的书籍已经读完了，但还在下雨？在拉迈海滩的海岛书店里，超过18 000本旧书正在等待书虫们去发现。→ P.57

● **去电影院**
如果海滩被潮水淹没，没有办法观光，酒店房间内的电视也不会是您唯一的选择。苏梅岛乐购莲花超市里的3个电影院也是您的选择之一。→ P.50

● **像裤子一样的衬衫**
无论雨下多久都不怕——您可以光临拉迈海滩上的渔夫裤商店。在这里可以找到比其他地方更多的传统泰国渔民裤子和其他独特的棉、丝、麻和亚麻服装。→ P.54

下雨时分

休闲之所
深呼吸，尽情享受，忘记烦恼

放松身心

● **灵魂之旅**

如果您想探索自己的内心，来帕岸岛吧。泰国的"第一派对岛"也是为海外冥想者提供的冥想中心。在考坦庙的冥想课程中，探索感受灵魂最深处的旅行。→ P.72

● **在丛林中疗养**

欢迎来到坐落在苏梅岛丛林景观中的罗望子泉。享受桑拿后，您可以找一个岩池降降温，然后享受露天按摩。→ P.55

● **宁静的沙滩**

山的侧翼使帕岸岛的提恩海滩与萨得海滩与世隔绝，使之成为人们寻求宁静最理想的地方——尤其是在11、12月，因为天气原因，海岸会更加安静。→ P.76

● **露天泡泡浴**

在苏梅岛的通赛湾酒店里，您可以一边欣赏海景，一边进行露天泡泡浴，那里的浴缸放在宽敞的露台上，旁边就是一张四柱床（下图）。→ P.46

● **夕阳下的码头小饮**

太阳沉入海水中，码头灯光亮起，灯光映在水面上——在纳吞的海滩上，僻静的花园中，在日落餐厅里，享受一次暮后小饮，没有什么比这更美妙了。→ P.66

● **体验失重感**

不只是在太空中才能体验失重感，您也可以在浓盐水池里漂浮。在位于帕岸岛的第一弓箭俱乐部——一个充满激情的地方体会这种奇妙的放松感。→ P.86

潮流之选

① 尽情狂欢

满月派对 帕岸岛的满月派对举世闻名。这座岛在满月时确实值得一去,对泰国人来说也是如此。他们会成群结队来到这里,来看那些疯狂的外国人,甚至加入他们一起狂欢。所以行家更喜欢避开人最多的时候参加派对。月亮集结派对(Moon Set Party 🏠 Pirate's Bar, Chao Pao Beach)在满月前3天就开始了,班萨拜后派对(Ban Sabai After Party 🏠 Ban Tai Beach)则紧接在盛大的满月盛典之后,而在珊瑚别墅(Coral Bungalows 🏠 Hat Rin @ www.coralhaadrin.com),派对一场接着一场举行。

② 永不褪色

文身 您可以在泰国找到世界上所有的文身方式,当地的年轻人甚至在不断地把这项传统推陈出新(P.72)。如果您也想在身上留下这样的装饰,可以花时间挑好店家,等到旅途临近结束时再去,因为新文身必须避光4—8周时间。

③ 还有……

瑜伽 压力太大?情绪崩溃?甚至,躺在海边发呆也无济于事?来正视您内心的烦闷吧!您不是唯一一个到最后才在瑜伽中得到放松的人,因为许多泰国人也刚刚发现瑜伽的好处。您可以在查汶与波菩之间的禅宗花园维卡萨(Vikasa @ vikasayoga.com)或者波菩渔人村(Fishermans's Village)的瑜伽花园(Yogarden @ www.theyogardensamui.com)学习瑜伽。

苏梅岛和帕岸岛有许多新鲜事物等待您去探索。

学习按摩

按摩学校 活动活动您的手！在按摩学校里,您将学习到泰式按摩的精髓。在海岛南部的三曼塔瑞特酒店(Samahita Retreat 🏠 55/20-24 Moo, Na Muang @ www.samahitaretreat.com),经验丰富的按摩师可以在全年开课的课程里深入学习,而初学者也能学些较浅显的东西。罗望子泉(Tamarind Springs 🏠 205/7 Moo 4, Thong Takhian @ www.tamarindsprings.com)不仅提供水疗护理,那里的按摩学院还会带你领略按摩的艺术(右上图)。

健身和力量

泰拳 "踢!""出拳!"在锣声响起之前,他已经一次又一次地将拳头砸在了拳击垫上,持续了好几分钟。汗水从鼻子和肘部滴下,呼吸变得急促,他赶紧喝上一杯冰水,然后继续……过去,泰拳只适合那些铁血男儿,"世界上最难的武术"这句话被印在了纪念品商店里的T恤上。那么,姑娘们在这里干什么呢?还有这位50多岁的男士,他盯着沙袋究竟在做什么呢?他们在健身!还有人是来减肥的。这个难度很高的体育项目,现在已经成为一项锻炼身体的潮流运动。如果您不信这有用,可以自己来试试:比如去拉迈海滩的韦平优(Wech Pinyo @ www.wechpinyomuaythai.com)或者林海滩的泰拳健身中心(Phangan Muay Thai and Fitness Gym @ phanganmuaythai.com)。

上图：兰穆塔里躺着的佛像

苏梅岛、帕岸岛面孔

工作的猴子

猴子只有学会熟练地转动椰子直到椰子梗断裂，它才可以每天都从树上采摘1 000多颗果实，所以它必须先上猴子培训学校，比如素叻他尼府大陆上的第一猴子学校（First Monkey School @ www.firstmonkeyschool.com）。一只猴子掌握这门技巧需要3—6个月的时间。

主人要为每只猴子支付大约150欧元的培训费。接受训练的一般是猕猴，它们强有力的四肢十分适合这种容易眩晕的高空作业。训练员会向猴子们示范如何旋转椰子，并以猴子天生的好奇心为赌注，赌它们会自己尝试这个本领。这种培训最重要的一点是：一切训练都要以游戏的方式进行，要让猴子们感到舒服自在。所以，这里的训练员要坚持的基本原则是：决不殴打或者以其他任何

> 泰国人为何要为神灵建造庙宇？为何用绰号称呼彼此？又为何对他们的国王保持最崇高的敬意？

方式惩罚猴子。在苏梅岛上，游客可以在一些特别的表演中看到一些好学的猴子，还会有一些椰农邀请游客去观看正在工作的猴子。如果您在岛上环游时看见了标着"猴子加工椰子"（Monkey Works Coconut）的牌子，您可以进去观看猴子表演，也可以喝一杯由猴子采摘的椰子中的新鲜

苏梅岛　帕岸岛

椰汁。

注意，会打架的水牛！

水牛是有着凸起牛角的强壮动物，它们似乎很温和，但是当它们遇到竞争对手时，却可以非常迅速地进入发怒状态。这种自然的反应使得许多灰黑色公水牛被带到泰国南部的斗牛场中，它们互相撞击对方的头部并试图把对手挤出场外，这种竞技在通常情况下是不流血的。竞技双方很容易产生力量对比，但斗水牛绝不会被拿去和西班牙斗牛做比较。一只公水牛一旦意识到它的对手明显更强大，那么它一般会逃跑，因此竞技常常在几分钟内就结束了。

苏梅岛上有6个斗牛场。它们不过就是一块草地或是一个充满灰尘的广场。斗水牛比赛不定期举行，当举办规模较大的比赛时，就会有小车用喇叭广播比赛的举办时间和地点，并四处散发带有详细比赛信息的传单。

注意一个单词

在泰国的每个角落您都能听到这样一个单词——falang（老外）。可能有很多关于游客的谈论是这样的："这个老外想要这个，这个老外想要那个……看看那个老外长得怎么样。"这个词的来源不是很清楚，很可能是对英语单词foreigner（外国人）的一个滑稽模仿，也可能来自法语词français（法兰西）。然而，用"老外"称呼别人其实是不礼貌的。另外，当您在酒店里被直接称呼全名时请不要感到惊讶，这并不是粗鲁的行为，反而是一种习俗：从德高望重的老者到国家总理，都被公开地直呼

房子越豪华，神灵住在里面就越舒适

苏梅岛、帕岸岛面孔

其名。无论是男人还是女人，在名字前都有一个称号khun。许多泰国人彼此之间都不称呼对方的名字，而直接用绰号互相称呼。绰号是他们在婴儿时期就从父母那里获得的。父母会选一个与小孩有关的概念作为绰号，比如：Noi（小的）、Meo（猫）或者Gung（可爱的小孩）。无论如何，绰号绝不会被认为是玩笑，而是充满爱的昵称。

泰国的文字对于外国人来说就好像天书。泰国也不存在一个将泰语翻译成拉丁字母的统一规则，因此您会遇到不同的拼法，例如："老外"是用falang，还是farang来拼写呢？"苏梅岛"到底是拼作Ko Samui，还是Koh Samui呢？"Ko"意指岛屿，但为什么有两种不同的拼法？为什么"海滩"有时写作hat，有时又写作haad？这些问题是刚到此地的人经常感到困惑的，但对此并没有一个确切的答案。最可能得到的还是那个对于所有不清楚事物的经典泰式回答：Mai pen rai（没关系，无所谓）。

小船上的艺术

泰语中的"Go lae"不仅仅是小船，更是艺术品，很多渔民正是乘坐这些小船出海的。以前，渔民用桨划行或是扬帆航行，如今靠嗒嗒响的发动机驱动小船前行。这些小船来源于南部北大年府（Pattani）和那拉提瓦府（Naratiwat）五颜六色的敞开式木船，它们在马来西亚东海岸也广为流行。您在苏梅岛就可以看到这些艺术品。

佛像与神明

泰国是世界上最信奉佛教的国家

在艰苦的工作日里，渔民们从不缺乏色彩

之一：大约90%的泰国人声明自己信奉佛教，他们对于佛教、佛教僧侣及相关机构都十分尊重。苏梅岛上有大约20%的岛民信奉伊斯兰教，他们的祖先是在很久以前由泰国南部的穆斯林聚居区迁移过来的，或是从马来西亚移民过来的。

佛教对泰国人日常生活的影响远远大于基督教对西方人的影响。寺庙里虽然没有固定的佛事时间，但通常香火很旺。寺庙在泰语里叫作wat。泰国寺庙并不是与世隔绝的，无论您是否信仰佛教，都可以随时参观，但请一定要注意着装，不能露出膝盖和肩膀，必须用衣物遮盖着。如果您对神佛有所求，那么请带上供品。线香和花环就足够了，不过也有人会供上泰铢。

还有一点可能会引起您的注意，

苏梅岛　帕岸岛

就是大部分信奉佛教的泰国人会在脖子上挂护身符。这种用陶土、铜、金或者木头做成的小雕像或塑像必定会被保存在透明塑料盒中，并且通常被视为传家宝。护身符可以保护人免于事故、疾病等生活中不幸的事。在许多商店和市集上都能买到护身符，流动商贩也会在人行道上展示他们的护身符。当然，在寺院里也有得到高僧赐福的护身符。

但是，信奉佛教并不意味着泰国人放弃了对神灵（Phii）的古老信仰。因此您通常会看到岛上到处是小小的、彩色的小型神庙，放置在花园的柱子上，它们是"当地神灵的住所"。信徒们也经常大方地用祭品供奉——一般是一杯水、大米、鲜花、水果，甚至在节日里还会用一只烤鸡供奉。

派对开始了！

帕岸岛的满月派对历史不长，但已经成为传奇了。旺季时会有多达30 000名狂欢者，使得林海滩的这场聚会成为世界上最大的海滩派对。第一场满月派对于20世纪80年代在这个海滩上的月亮天堂别墅（Moon Paradise Bungalous）举行——几十个背包客围着篝火尽情舞蹈。

虽然别墅建筑群还在，但篝火映照下的浪漫已经成为历史。通过口口相传，这个派对在全球背包客群体中知名度越来越高。直到20世纪90年代中期，满月派对的规模还很少超过1 000人。在全世界的媒体都对此进行宣传报道后，游客数量才开始大幅度增加。今天的满月派对与20世纪90年代的满月派对已不可同日而语。小船整夜会在苏梅岛和这个派对海滩之间往返。而且，现在帕岸岛上几乎每个月相都会有相应的庆祝派对。因过于喧闹，政府曾几次尝试限制这个派对，但却徒劳无功。没有哪种禁令能够阻止人们欢快地跳舞；更何况，这些派对为帕岸岛带来了可观的收入。

唰！唰！藤球！

如果您在傍晚时分听到一阵嘈杂声，仿佛有人从一把藤编安乐椅上跌落，您极有可能正处于一个正在举行藤球（Takraw）比赛的乡村广场旁。当球员踢一下藤球，尖锐的"唰唰"声就会响起。藤球就像一个四周封闭的小篮子一样。与足球运动一样，在藤球运动中也可以使用除手以外的任何身体部位。如果要找藤球比赛的场地，一块棕榈树下的草地就足够了。

行为准则

在泰国您可能会无意中冒犯到

苏梅岛、帕岸岛面孔

他人,但泰国人不是那种会让您马上注意到自己错误的斤斤计较的人。他们会用一句"falang ba"回应无礼的行为,意思是"这些外国人简直疯了"。但有时泰国人也会失去耐心,比如当外国人侮辱王室(侮辱王室在泰国是非常严重的犯罪行为),或者亵渎他们所信仰的宗教时。请注意不要穿鞋子进入寺庙及清真寺。泰国人出门时会穿得十分正式与端庄,因为不注重外表在泰国是一种严重的失礼行为。

即使在微笑之国也有让您感到气愤的情况,比如拖拖拉拉的服务或者漫天要价的无耻司机,请坚定、友善地维护自己的权益,但不要争吵或发生肢体冲突。您的礼貌与坚定会让他们感觉十分丢脸,这几乎是您可以做到的最有力的反击了。这种方法尤其适用于与权威的较量。还有一个重要提示:不要触碰泰国人的头,也不要在坐下时用您的脚指向别人,因为头部在泰国被视作最高等的身体部位,而脚被视作最低等的部位。

泰国人用一种礼节——wai(举起双手,手掌合十,轻轻触碰脸部或胸部中间的身体某个部位)——来互相问候,而不是握手。这个动作也可以表达抱歉、感谢或者用来许愿,比如在祷告时双手合拢在胸前。但是wai是不尽相同的,比如问候对象的社会地位越高,手要举得越高。指尖越过深深低下的头的wai,是为王室及高僧保留的最高级别的问候。辈分顺序也很重要:年龄小的先问候年龄大的,等级较低的先问候等级较高的。对这些规则都不是很了解的游客可以简单地点头问候,因为做得太过反而会因为经验不足而变得可笑。比如,当您向一个小孩或乞丐回礼时,一个点头就足够了。

藤球在整个泰国都很受欢迎。传统上这种球是用藤蔓编制的

美 食

　　尽管您在一天之内就可以轻轻松松地探索完苏梅岛，但如果还想来一场美食之旅，那么您将遇到国际化菜肴及当地美味。

　　无论是印度的还是意大利的，无论是德国的、中国的还是墨西哥的，这个小岛上的菜肴正如它的游客一样国际化，而且越来越多的国际顶级厨师在高级餐厅里精心制作创新菜品以满足游客。此外，当地的泰式菜肴完美地展示了热带气息：得益于许多健康的配料，尤其是富含维生素和易消化的配料，泰式菜肴的营养价值很高，虽然非常辣，但极其美味。泰国人很少吃红肉，盘子里多是家禽和海鲜，他们还很爱吃蔬菜，通常只是短暂煮熟后食用，因此能保持其爽脆口感与丰富的维生素。在加调味料和草药时，他们也能汲取到全部的味道。香菜、柠檬草、菩提叶、生姜、罗勒、罗望子果、薄荷及虾酱都刺激着味觉神经。而且，比起没有大蒜和辣

上图：雕刻的水果

辛辣又美味：泰式菜肴完美适应热带气候，使您保持精力充沛。

椒，一个泰国厨师宁愿没有炉灶。不吃辣的游客要提前告诉厨师您不希望这道菜做成辣的（mai peht）。

泰餐中所有菜都要么被做成可以一口吞下的，要么是像鱼肉那样可以用勺子和叉子轻易分开的。勺子一般拿在右手，叉子只是用来把小块的食物放到勺子上。只有吃面食时才会用到筷子，这是很久以前中国移民带入泰国的。

只有较为高档的餐厅才会有固定的午餐时间（大约11:00—14:00）及晚餐时间（大约18:00—22:00）。在当地简单的餐馆里，客人可以随到

苏梅岛　帕岸岛

特色美食

泰式绿咖喱鸡（gaeng kiau wan gai） 绿咖喱配鸡肉和茄子会为美食爱好者带来享受。它尝起来有一点甜。

泰式伊斯兰咖喱牛肉（gaeng massaman） 红咖喱配牛肉块，还有花生和土豆（有点辣）。

炸虾（gung hom pa） 裹了面粉的炸虾。人们一般用它蘸鞑靼牛肉汁或带辣椒圈的酸甜醋汁吃（上左图）。

凉拌米线（kanom chin） 冷米线加超辣酱汁，人们还会加许多新鲜腌渍的蔬菜、小鱼干以及一个水煮蛋。

泰式炒饭（kao pat） 蔬菜蛋炒饭。根据您的喜好，还可以加上蟹肉或切成小块的猪肉、鸡肉。

粿条汤（kui tiao nam） 粿条汤在泰国是一道很受欢迎的点心，许多小吃摊从早上到深夜都有提供，一般与鸡肉、蟹肉、牛肉或小块猪肉一起吃。

馅饼（mataba） 用牛肉末或蔬菜做馅的面饼，在旅游区还有香蕉馅的。

烤墨鱼块（plamuk tohd katiam pik thai） 用大蒜和胡椒烤的墨鱼块（不辣）。

酸甜鱼（pla piau wan） 酸甜鱼是一次视觉和味觉的盛宴。在烤鱼的酱汁上摆上许多蔬菜和菠萝块，颜色非常鲜艳。

青木瓜沙拉（som tam） 泰国东北部的一种传统美食，但它很早就成功南下进入泰国南部了。木瓜沙拉还用鸡尾酒、番茄、烘干的螃蟹以及许多辣椒一起烹饪（上右图），它和生的蔬菜、糯米及烤鸡也很搭。

鸡肉椰奶汤（tom kha gai） 鸡肉椰奶汤是一道特别具有异国风味的佳肴。请注意：汤中漂浮着辣椒！

冬阴功汤（tom yam gung） 冬阴功汤是泰国非官方国菜。柠檬草赋予了它独一无二的香气，分量十足的辣椒赋予了它辛辣的滋味。

泰式酸辣粉条沙拉（yam wunsen） 加草药、小虾和猪肉末的粉条沙拉。里面有超辣的辣椒！

美食

随吃,即餐厅从清晨到深夜不中断营业。还有路边的露天小吃摊,那里的厨师转眼间就能变出美味佳肴,几乎任何时候都不中断营业。热带地区有很多成熟的精品水果,供应实惠水果(香蕉、菠萝、木瓜、西瓜)的卖家,就不再供应那些本地熟食店任何时候都能提供的美食。很多人认为榴莲的味道很臭,但对于许多泰国人而言,榴莲是水果之王。更符合大多数人口味的水果是芒果,熟透的芒果加上糯米和浓缩椰奶绝对是一道美食。泰国人也很爱吃绿色微酸的芒果,他们会把未熟的芒果切成条,蘸上糖和辣椒的混合调料食用。在山竹厚厚的酒红色外壳背后也隐藏着绝佳的美味,它白色多汁的果肉尝起来是甜中又有一点酸。番石榴是最富含维生素的水果之一,有健胃、提神、补血的功效。

在这里的每个角落都能买到世界上各种知名品牌的汽水,而供应的果汁品种却比不上水果多种多样,通常只有橙汁,还经常兑柠檬汽水。在游客经常光顾的餐馆里,您还可以喝到香蕉奶昔或菠萝奶昔。到处都能买到矿泉水。啤酒种类非常多:较受本地人欢迎的是象牌啤酒(Chang)、胜狮啤酒(Singha)和红豹啤酒(Leo),价格较贵的是虎牌啤酒(Tiger)和喜力啤酒(Heineken)。根据法律规定,酒精饮品在商店里只有在11:00—14:00以及17:00到午夜期间才能销售,不过有些小型便利店并没有严格遵守这项规定。泰国非官方国酒是物美价廉的双狮朗姆酒(Sang Som),它由甘蔗制作而成并且被称为"威士忌",尽管它更像是朗姆酒。本地人并不会单独喝它,而是兑进大杯饮料里喝,比如加矿泉水和一小块含有浓缩柠檬汁的冰块。现在,您也可以在许多餐厅喝到游客们经常点的进口葡萄酒。一玻璃杯(0.2升)至少需要人民币40元。当然也有本地的葡萄酒。大部分泰国葡萄酒是在北部生产的,在泰国中部和南部华欣(Hua Hin)也有一些酒庄。在各个超市的冰箱里都能很容易地找到功能饮料,如红牛或M-150。

榴莲的味道,喜欢的人超喜欢,不喜欢的人完全无法接受

购 物

苏梅岛购物场所的特点是：小巧而精致。沿着查汶海滩边的海滨路一路走去，您可以找到岛上最大的购物场所，那里的商店鳞次栉比。其中，较大的超市是从波菩到查汶环路上的乐购莲花超市（Tesco Lotus）和Big C超市。

古玩

泰国有完整的专业古玩仿品行业。您可以这样辨别出一个商店是否可信赖：有符合法律法规的出口许可证，并且店家会主动出示。您也可以直接购买新的手工艺品，它们的生产技术和古时候是一样的。

佛像

官方不允许任何人未经批准制作佛像［和古玩一样，负责方是美术部门（Department of Fine Arts 🏠 曼谷国家博物馆 📞 0 22 21 78 11）］。可靠的商行将会向您出示相关证书。古代佛像一般禁止出口。

调味品

无论是辣椒、姜黄、胡椒还是各式各样的咖喱酱，您都可以以极其实惠的价格买到，而且质量非常好。在乐购莲花超市和Big C超市里也有非常多的选择。

黄金

在泰国，一些特定的商店会提供23K的金饰，这些商店的内部装饰全国统一，主色调为红色，价格按照当前黄金牌价，大概10%的黄金会被用来制作这类首饰。它们在任何时候都可以被转卖到任何一个金店。

宝石/珍珠

请您绝对不要在流动商贩处购买珠宝，也不要被出租车司机引诱到任何一家珠宝店。在位于南苏梅岛的村庄丁克鲁特（Ban Thong Krut）的纳加珠宝店（Naga Pearl Shop）内，您可以毫无顾虑地购买养殖珍珠，这些

辣椒、黄金和养殖珍珠:苏梅岛上没有大型商店,但许多特色服装小店为游客购物增添了乐趣。

珍珠来自普吉岛和苏梅岛前的纳加珍珠养殖场(Naga Perle Farm)。

陶瓷/漆器

虽然这些工艺品并不是在苏梅岛生产的,但您也可以在许多商店里买到它们。它们通常来自泰国北部,比如翠绿色的青瓷和五彩瓷——它的花卉图案被绘成绿色、蓝色、黄色、粉红色和黑色。中国风的装饰品和日用品通常是蓝色和白色的。漆器也是传统的手工艺品,即木头被多次上漆然后手工作画。

木雕

商店里巨大的木雕来自泰国北部。泰国纪念品店里的木雕都是从那里进货的。苏梅岛的棕榈岛(Palm Island)上的经典纪念品就是用椰子坚硬的内壳做的装饰品和日用品。

丝绸/定制服装

因为泰国丝绸是手工编织的,所以并不光滑,而是掺杂着一些线头。您可以直接买一件完工的衣服,或者在数不胜数的裁缝中挑一位师傅为您缝纫,但您要考虑到,丝绸在泰国并不便宜。一件"100%纯丝绸"只卖几泰铢的路边小贩,卖给您的肯定是劣等货。即使是定制的衣服也适用这个规则:请谨慎购买太过便宜的产品!那些通常都是粗制滥造的,所以请坚持至少试穿一次,而且最好先支付部分金额,余下的等到收货时再支付。

苏梅岛北海岸

　　和缓蜿蜒的海湾边，棕榈小树林随着沙滩延伸近千米。村庄里的渔民正在修补渔网，椰农正在撬开一大堆椰子，在这里，您到处都能呼吸着安宁，聆听着寂静。

　　旺季时独自在苏梅岛北海岸度假真是对压抑内心的一种慰藉。度假村随意地互相挨着排成一列，在这之间还有足够的地方供水牛吃草。海岸线一直向前延伸，大自然是多么巧妙地创造了这里，让这里一点也不杂乱无章。即使在季风季节，您也可以随心所欲地游泳。位于最东北部的海角是对东北季风的天然屏障，这种季风能在东海岸驱动大浪涌向岸边。您可以顺着绵长的海岸线漫步，享受宁静的假期。下面将按顺时针的顺序逐个介绍这些海滩。

邦宝海滩/班泰海滩

　　（Bang Po Beach/Ban Tai Beach）（折页 B-C7）这两个位于岛上行政中心纳吞北部4千米处的海滩彼此之间无缝衔接，这里是安静的海岸源头地段。

　　这两个海滩较为狭窄，部分水域十分和缓。

美食

　　沿着环路在邦宝（Bang Po）和班泰（Ban Tai）的小村里可以找到聊

上图：湄南海滩

水牛在陆地上悠闲地吃草,来这里感受棕榈树下的宁静、寻找适合休息的完美海滩吧!

以充饥的简易餐馆和小吃摊。健康绿洲度假村(Health Oasis Resort ◐ 每天 ￥￥)提供美味的素菜。

住宿

健康绿洲度假村(Health Oasis Resort)

带泳池的高档度假村内都是配有风扇或空调的小别墅。这里的客人不仅仅能享受假期,还能净化精神和躯体,比如蒸桑拿、吃素菜、做瑜伽和冥想。有40间客房。🏠 邦宝海滩,湄南(Mae Nam)￥ ￥~￥￥￥ 📞 0 77 60 20 96 @ www.healthoasisresort.com

含羞草温泉度假酒店(Minosa Resort & Spa)

迷人的小型精品度假村带有非常舒适的套房及别墅,均设有按摩浴缸和泳池。美丽的餐厅、酒吧就在海滩上。有32间客房。🏠 班泰 ￥￥￥￥ 📞 0 77 24 77 40 @ www.mimosasamui.com

苏梅岛　帕岸岛

这个棕榈环绕的海滩属于湄南度假村

湄南海滩

（Mae Nam Beach）（折页 D-E 7-8）★绵延6千米长的海湾和它的黄金沙带构成整个北海岸最美的浴场海滩，这里也是理想的漫步地段。

这里的海水比较浅，但在退潮时您也可以在这里游泳。村庄湄南右侧、东部的海滩有些地方在涨潮时还没有一条毛巾宽。30多个不同档次的度假村隐藏在这里的棕榈树林中。在海湾中部的湄南（距纳吞12千米），您可以见到比游客多的当地居民。

景点

布考冬庙（Wat PuKhao Tong）

虽然这不是泰国寺庙建筑里特别出色的代表，但也是一处非常怡人的宁静乐土，它坐落在一个小山丘上。穿过湄南主路和环岛路的十字路口，再往内陆方向走200米左右，就可以到达。

美食

湄南有一整排美味的小餐馆：阳光美食餐厅（Sunshine Gourmet 🏠 28/2 Moo 4 🕐 每天 ¥¥ 📞 08 67 40 25 36）除了提供丰富的泰国菜，还提供澳洲牛排、维也纳猪排以及自制的"煎肉饼"（一种肉末小球）配土豆泥。在索姆餐厅（Som Restaurant 🏠 44 Moo 6 🕐 每天 ¥¥），您可以直接坐在海滩边享受烤鱼、海鲜或木瓜沙拉。月亮小屋（Luna Hut 🏠 4169 Mae Nam 🕐 每天 ¥¥ 📞 08 18 91 62 04）里也有美味的菜肴和极好的气氛，它伫立在一个小湖边。

阿伦@苏梅餐厅（Arun@Samui）

这个不显眼的餐厅里有一张由原木制作的长桌。店里的泰国女厨师可以变出美食，比如鸡肉或者绿咖喱鸭。性格直爽的老板娘苏南塔·休（Sunantha Sue）还提供最多6个人的厨艺课程。🏠 248/10 Ring Rd.，自动取款机旁 🕐 周三休息 ¥¥~¥ 📞 08 94 21 43 78

苏梅岛北海岸

Gaon韩国烤肉餐厅（Gaon Korean BBQ Restaurant）

您可以亲自把套餐里美味的肉块和鱼块放到桌面燃烧着木炭的烤肉架上一起烤。如果不知道怎么操作，那就咨询一下吧，这里的服务员很乐意为您提供帮助！🏠 183 Moo 1 🕐 每天15:00起 ¥¥ 📞 09 37 34 46 80

购物

主路（环路）沿线有许多商店和纪念品店。在通往查汶方向的大街上，您可以看到许多卖原创家具的家居用品店，这些原创家具可以极大地为您家增光添彩。这些家具都是可以定做的，店家也会安排装船运送。

户外活动

在度假村里或在海滩上，您可以租借到风帆冲浪板、皮艇或用于滑水的摩托艇。推拿服务在许多度假村都有提供，可以直接在海滩边的垫子上，也可以在水疗中心里进行。冒险爱好者可以前往内陆地区的密林中远足和溜索。

住宿

湄南海滩上的高档度假村逐渐替代了老式木屋。尽管如此，海滩上还是一直会有一个供所有人使用的安静休息间，在那里可以逃离喧嚣。

温泉别墅公馆（Fair House Villas & Spa）

这儿的高档别墅（¥ 每晚约人民币950元起）期待着客人的到来，有一些别墅甚至有自己的泳池和按摩浴缸。以前的班兰西海滩度假村（Ban Laem Sai Beach Resort）已经换了名字，而保持不变的是那个极其美丽的花园，它因重视环保的管理理念而受到国家旅游局的表彰。花园里培育着蔬菜，游客可以在这里种树。度假村要求供应商不能用塑料容器提供货物。这座美丽的花园坐落在湄南海滩和波菩海滩（Bo Phut Beach）之间的海角上。涨潮时海水会涨到防护墙之上。有172间客房。¥ ¥¥ 📞 0 77 42 22 55 @ www.fairhousesamui.com

当地推荐 哈利别墅（Harry's Bungalows）

这个拥有许多绿植和泳池的度假村坐落于安静的湄南海滩北端，靠近纳帕兰寺（Wat Na Phra Lan）和伦普拉亚码头（Lomprayah Pier），许多轮渡由此起航驶向帕岸岛。这里有配备电视、冰箱和空调的舒适别墅，还有一个同时提供西餐与泰国菜的餐厅，餐厅以传统泰式房屋风格建造，山墙（建筑物两端的横向外墙）

必游景点

★ **湄南海滩**
在退潮时适合来这里游泳和漫步。→ P.36

★ **波菩**
"渔人村"和其中的时尚餐馆很受欢迎。→ P.38

★ **开心大象餐厅**
海景美食：美食爱好者的一件幸事。→ P.38

★ **大佛**
岛上的象征。在此还能欣赏迷人的远景。→ P.41

苏梅岛　帕岸岛

为尖形。有20间客房。☏ 0 77 24 74 31 ￥~￥￥ @ www.harrys-samui.com

海特查度假村（Hutcha Resort）

朴素但整洁的别墅拥有棕榈叶覆盖的屋顶、空调或电风扇，部分配有电视机和冰箱。度假村有许多绿植、一个泳池以及一条穿过草地流向大海的小溪。度假村距海滩大约50米，步行5分钟就可以到达湄南，性价比高。有39间客房。￥ ￥~￥￥ ☏ 0 77 42 55 55 @ www.hutcharesort.com

当地锦囊 洛丽塔别墅（Lolita Bungalows）

友好的房主营造了舒适的氛围。别墅配备了空调或电风扇。房子就在海滩边上。花园里的一座房子提供了两个双层居室，很适合全家庭居住。从这里到当地中心区步行只需几分钟。有41间客房。￥ ￥~￥￥ ☏ 0 77 42 51 34 @ www.lolitakohsamui.com

湄南度假村（Maenam Resort）

棕榈树下，精心打理的园区长满绿植。舒适惬意的别墅都配有空调和冰箱，也有为家庭游客准备的超大客房。从度假村到湄南中心区大约15分钟的步行距离。有41间客房。￥ ￥￥ ☏ 0 77 24 72 87 @ www.maenamresort.com

波菩海滩

（Bo Phut Beach）（折页 F8）
这片海滩一直是隐匿在海湾中的一块安静乐土。

海滩坐落于★波菩（Bo Phut）最东端，该海滩虽然非常狭窄，而且在退潮时海滩上会布满污泥，但这里的美景足以弥补这些小小的缺憾。古老的渔人村里狭窄的海滩街道还没有一个足球场长，但您不可能在苏梅岛上再找到任何一个地方，像这里一样在狭窄的空间内有如此多时尚酒吧、咖啡厅、餐厅、时装店和精品酒店。地中海风格和泰国的轻快氛围在这里融为一体，人们抛却差异，融入一个可以尽情狂欢的群体。简而言之，波菩是苏梅岛上最受欢迎的地方。

美食

烤牛肉牛排屋（Churrasco Steak House）

这家瑞士人开的餐厅在苏梅岛上已成为精致进口牛排的代名词。这里的鱼肉和泰国菜也做得非常好。⌂ Ring Rd.，安纳塔拉（Anantara）附近 ⓘ 周一休息 ￥ ￥￥~￥￥￥ ☏ 08 62 74 76 62

德式啤酒花园（German Beer Garden）

这里为客人提供营养丰富的德国菜。⌂ Ring Rd.，靠近卡丁车赛道 ⓘ 每天17:00起 ￥ ￥￥ ☏ 08 98 67 09 13

开心大象餐厅（Happy Elephant）★

这是老牌的顶级餐厅：通风、时髦，入口处有闻名的木制大象。如果您想在晚餐的时候获得面朝大海的最佳位置，那么您一定要提前预订。⌂ 海滩路 ⓘ 每天 ☏ 0 77 24 53 47 ￥ ￥￥~￥￥￥

海星和咖啡（Starfish & Coffee）

这里有金红色调的精致气氛，海鲜、蛋奶酥被放置在椰子中，入口即

苏梅岛北海岸

海鲜爱好者可以在波菩买到肥美的海鲜

化。🏠 海滩路 🕐 每天 ¥ ¥¥ 📞 0 77 42 72 01

斯帕塔拉餐厅（Supattra Dining）

最精美的海鲜：盘子里的海鲜都是从附近海域刚刚捕捞的。黑板上列着当日菜单。特别推荐黄咖喱蓝蟹。🏠 32/6 Moo 4 🕐 周一到周六18:00起 ¥ ¥¥

购物

日常必需品在村庄里都能买到，而时尚商品在步行街各式各样的精品店内才能买到。每周五晚17:00—22:00，这个步行街就会变成丰富多彩的 当地锦囊 夜市，在这里有几十个小摊贩卖纪念品、小吃和鸡尾酒。

户外活动

在波菩郊区的环路上，您可以直接在苏梅岛卡丁车娱乐中心（Samui Gokart 🕐 每天9:00—21:00 ¥ 600泰铢 📞 0 77 42 50 97）的小型赛车道上尽情驰骋。只要350泰铢就可以 ● 在海滩上享受推拿，但如果您想要体验更奢华的项目，安纳塔拉高档度假村（Edelresort Anantara）的水疗中心（¥ ¥¥ 📞 0 77 42 83 00 @ www.anantara.com）是在波菩最好的选择：这里提供种类繁多的推拿服务、芳香疗法，还有蒸汽浴室和泥浴。一个长达数小时的套餐价值大约15 000泰铢。

当地锦囊 泰式厨艺课程（Thai Cooking Class）

如果您喜欢泰国菜，那么您一定要报一个厨艺课程——新的厨艺技能是您能带回家的最好的纪念品。🏠 51 Moo 5 Ban Plai Laem Soi 8 🕐 每天 ¥ 1 500泰铢 📞 08 15 37 45 07 @ thaicookingclasssamui.com

苏梅岛　帕岸岛

扎瑟精品温泉度假酒店：让人迷恋的、氛围极佳的度假胜地

夜生活

海滨路旁的酒吧有一个共同点：它们的音乐都不会影响其他地方。每当落日余晖洒满整个街道的时候，每个人都可以找到一个自己喜欢的位置观赏风景。每天在澳洲酒吧泥沼冲浪俱乐部（Aussie Pub Billabong Surf Club），您都能欣赏现场音乐，感受热闹气氛。值得一提的是青蛙和壁虎酒吧（Frog&Gecko），每周四的英语问答游戏环节人气爆棚。集酒吧、餐厅和精品店于一体的 酒吧锦囊▶**卡马苏特拉酒吧**（Karma Sutra），单单是为它既充满田园风情又时尚多彩的室内布置，就值得去拜访一次（白天也营业）。

Coco Tam's

傍晚暮色将至，听着海浪，吹着海风，再点一杯莫吉托……Coco Tam's可以满足您一切赋予浪漫和情调的想象。这里的食物也做得很棒。沙滩上摆着懒人沙发，可以在此度过一个静谧的夜晚。🏠 62/1，Moon 1，Bophut 🕐 12:00至次日1:00 ¥ 人均约人民币160元 📞 09 19 15 56 64

住宿

波菩温泉度假村（Bo Phut Resort & Spa）

这个拥有华丽装潢的奢华度假村紧临一个茂盛的热带花园。部分酒店和别墅的房间有自己的泳池，还有🌿拥有无敌海景的大泳池供所有人使用。有61间客房。🏠 波菩海滩 ¥ ¥¥¥ 📞 07 72 45 57 77 @ www.bophutresort.com

可可宁酒店（Cocooning Hotel）

您可以非常舒适地赖在自己的客房内。这座美丽的小房子附近有岛上最好的餐厅和最别致的精品店，当然也有能让您充分休息的安静环境。有6间客房、1间套房。🏠 6/11 Moo 1，波菩海滩 ¥ ¥¥ 📞 08 57 81 41 07 @ www.cocooninghotel.com

苏梅岛北海岸

伊甸园别墅（Eden Bungalows）

在来自法国的杰拉尔德（Gerald）和莉迪亚（Lydia）的别墅里，您会觉得像在自己家一样。这里的别墅和泰式客房配备空调、电视、小酒吧，部分房间有露天浴室。这里还有小型泳池和漂亮的花园。从这里前往海滩只需2分钟。有15间客房。🏠 沙滩路，波菩海滩 ¥ ¥¥~¥¥¥ 📞 0 77 42 76 45 @ www.edenbungalows.com

当地锦囊 莱哈慈恩达酒店（L'Havi-enda）

这座迷人的房子由法国人管理，最令人期待的是它具有的浓厚的地中海风情以及金灿灿的佛像浮雕。这家酒店配有电视、空调、小酒吧和阳台雅间，屋顶还有一个小型泳池，观景视角绝佳。有15间客房。🏠 沙滩路，波菩海滩（渔人村附近）¥ ¥¥~¥¥¥ 📞 0 77 24 59 43 @ www.samui-hacienda.com

小屋（The Lodge）

这座别致的小屋坐落在海滩上，且位于波菩中心，有私人府邸的感觉。所有房间均能观赏到海景，并配有空调和电视，您还可以在花园的小酒吧里自己调制一杯日落鸡尾酒（Sundowner）。有9间客房。🏠 沙滩路，波菩海滩 ¥ ¥¥ 📞 0 77 42 53 37 @ www.lodgesamui.com

当地锦囊 扎瑟精品温泉度假酒店（Zazen Boutique Resort & Spa）

拥有精心布置的别墅客房和小泳池的美妙住所。这里有高级餐厅，在法国主厨西里尔（Cyrille）的带领下提供品质极高的烹饪菜品，请一定要在这里享用晚餐，记得提前预约。有26间客房。🏠 波菩海滩 ¥ ¥¥¥ 📞 0 77 42 50 85 @ www.samuizazen.com

大佛海滩

（Big Buddha Beach）（折页G8）这个2千米长的海滩也被称作挽叻海滩（Bang Rak Beach）或帕雅海滩（Phra Yai Beach），距纳吞19千米。

这里的大部分建筑都很小巧而且让人倍感亲切。这片受保护的海湾是渔船和游船的停靠处。退潮时，大海偶尔会退得远远的，露出一些泥巴和石头。来这里旅游的大部分是常客，他们一般都不太喜欢热闹，但很喜欢这个海滩附近的区域。

与海滩同名的"大佛"是必游景点。其他景点还有步行15分钟即可到达的千手观音庙（Wat Plai Laem）及其宏伟高大的拥有18只手臂的观音雕像。

景点

大佛（Big Buddha）★

自1972年起，帕雅庙（Wat Phra Yai）的僧侣们就开始在大佛海滩前的芬岛（Ko Fen）上建造一个15米高的佛像。

他们当初只想要向佛祖表达敬意，从未预料到这个雕像有一天会成为苏梅岛地标。为了方便越来越多的游客来这里参观，主岛和50米外的这座小岛之间建起了一条行车道。金光闪闪的雕像端坐在一座高台上，登上80级台阶后人们可以欣赏到北海岸的壮丽美

苏梅岛　帕岸岛

大佛海滩的名称来源：芬岛上的大佛

景。参观大佛时，即使天气炎热，也要注意行为举止：坐在沙滩垫上参观佛像的行为属于大不敬。另外，衣着要得体，衣物要覆盖住肩膀和膝盖。

美食

许多餐馆都位于主路上。萨博伊度假酒店（Resort Saboey）的怀特酒吧（White Bar ◐ 每天 ¥ ¥¥ ◑ 0 77 43 04 56 @ www.saboey.com）提供亚洲菜、西餐以及素食。

当地精选 海洋十一餐厅（Ocean Eleven）

坐落在海边的美食家聚集地。餐厅选用的食材都来自本地：蔬菜产自自家花园，鱼由当地渔民提供。⌂ 香巴拉别墅（Shambala Bungalows）附近的主路旁边 ◐ 每天14:00起 ¥ ¥¥ ◑ 0 77 24 51 34 @ www.o11s.com

户外活动

远足和水上运动可以在度假村或旅行社预订。潘萨拜度假酒店（Ban Sabai Retreat & Spa @ ban sabairesorts.com）提供多种健康和排毒计划供您选择，最便宜的套餐要价2 600泰铢。

夜生活

大佛海滩附近的氛围十分悠闲，主路上有几个酒吧、咖啡厅和小酒馆。苏梅岛上的夜生活中心——查汶海滩距此仅5千米。

省钱有道

一般来说，住别墅需要较高的预算，但查理别墅（Chalee Villa）的沙滩平房别墅（配有电风扇、淋浴），只要500泰铢起就可以预订。有18间客房。⌂ 波菩海滩，扎瑟度假村（Zazen Resort）西端 ◑ 08 18 95 47 80

50泰铢办理贵宾票：L公司（Lomprayah）前往帕岸岛和龟岛（Ko Tao，又译为"阁道岛"）的高速轮渡的下层通常会拥挤不堪，在上层的贵宾区里坐起来会更舒服。船票附加费只需50泰铢，您可以选择上船后再付款。

苏梅岛北海岸

住宿

肯纳里度假村（Kinnaree Resort）

花园内宽敞的平房别墅配有空调、电视、小酒吧，也有很多相对便宜的房间可供选择。有14间客房。¥ ¥~¥¥ 0 77 24 51 11 @ www.kinnareeresortsamui.com

森特酒店（The Scent Hotel）

位于沙滩上的高雅酒店。房间以英式、中式和泰式风格设计，有几个甚至配有铜管望远镜。酒店还有游泳池、水疗中心以及提供法国和泰国美食的高级餐厅。有15间客房。¥ ¥¥¥ 0 77 96 21 98 @ www.thescenthotel.com

苏梅岛美人鱼度假村（Samui Mermaid Resort）

客房从简易型到舒适型都有，大多配有空调、电视和小酒吧。这里有两个泳池。性价比高。有76间客房。¥ ¥~¥¥ 0 77 42 75 47 @ www.samui-mermaid.info

秘密花园别墅（Secret Garden Bungalows）

精心装饰的别墅配有柚木地板、空调、电视和冰箱。坐落在一个美妙的花园区内。有9间客房。¥ ¥~¥¥ 0 77 24 52 55 @ www.secretgardensamui.com

周边景点

卡梅隆·汉森画廊（Cameron Hansen Gallery）（折页G9）

澳大利亚摄影师卡梅隆·汉森（Cameron Hansen）创作了绝妙的美丽图片，他在山上的画廊与附近的生态农场一样值得一看。该生态农场还举办烹饪课程（周一、周二、周四、周五10:30—15:00 ¥ 2 200泰铢 @ islandorganicssamui.com）。 Bang Rak @ www.cameronhansen.net

书籍/电影

《私人舞者》（Private Dancer）：斯蒂芬·莱瑟（Stephen Leather）以酒吧女侍、她的朋友和她的熟人圈子的视角，描述了一种在灾难中结束的关系。（2005）

《观光》（Sightseeing）：拉特沃特·拉巴乔恩萨普（Rattawut Lapcharoensap）用7个故事巧妙而幽默地描绘了泰国生活。

《美丽的拳击手》（Beutiful Boxer）：一个真实的故事，由伊卡恰伊·乌荣坦（Ekachai Uekrongtham）撰写。讲述了一名想要变性的年轻男子，为了筹措资金而进入拳击圈，变成了泰国拳击冠军的故事。（2003）

《海滩》（The Beach）：莱昂纳多·迪卡普里奥（Leonardo Dicaprio）饰演的男主角在一个世外桃源般的岛上与其他人一起寻找传说中的人间乐土。本片拍摄于普吉岛附近的皮皮岛（Phi Phi nahe Phuket）。（2000）

苏梅岛东海岸

苏梅岛的东海岸是一片令人陶醉的乐土,无论您是想体验鲁滨孙漂流荒岛的浪漫,还是享受酒吧和迪斯科舞厅里充满活力的夜生活,您都可以在这里美梦成真。

在东海岸,您可以身处热闹之中却又远离喧嚣。这里有每晚都能花费您一大笔钱的度假酒店,也有很多提供中档住宿和特价房间的旅馆。这片美丽海滩的唯一缺点是:当身在中国的您受够了冬天的寒冷,想去热带岛屿晒晒太阳,而这里却常常大雨倾盆,季风驱动着大浪涌向海滩。但似乎许多游客都能与这个阴雨连绵的度假天堂融洽相处,因为这个时候正是旺季。下面将按顺时针方向的顺序逐个介绍这些海滩。

通子湾

(Thong Son Bay)(折页 H7)
苏梅岛还有许多会让您甚至感到寂寞的安静角落,但这里比安静刚刚好。

只有3个从简单到高档的度假村分享着这个静谧的天堂般的海湾。退潮时,由于有许多岩石和珊瑚,您几乎不可能在此游泳,但潜水员总能发现一条前往"自然水族馆"的小路。这个被绿色环绕的海滩上并没有公共交通工具,所以您需要自驾或乘坐出租车出行。

住宿

美拉提海滩温泉度假村(Melati Beach Resort & Spa)

在极遥远的梦幻海湾边修建一个

上图:珊瑚湾

> 在东部，您可以住在小木屋或高档度假村，享受鲁滨孙的浪漫，或尽情释放您的迪斯科情怀。

豪华度假村，通常会花费很长时间。在通子湾便是如此，美拉提海滩温泉度假村便是这样一个地方。这里有高档别墅，部分带有私人泳池。该度假村穿过一个带有人造小溪的山坡延伸到海边，拥有2个游泳池和1个水疗中心。有79间客房。¥ ¥¥¥ ☎ 0 77 91 34 00 @ www.melatiresort.com

鸡锦囊 通子湾小别墅（Thong Son Bungalows）

这里有安逸的气氛和舒适的客房。1990年年初，彭先生（Mr. Pong）和他的家人就开始经营这个可爱的住所。而他也不打算将他的土地卖给富有的投资者，所以这座老式建筑一直保留至今。在这里您可以在配有空调、电风扇、蚊帐和海景的别墅里度假。有20间客房。¥ ¥~¥¥ ☎ 08 18 91 46 40 @ www.thongsonbay.com

通赛湾

（Tong Sai Bay）（折页H7）这个天堂般的地方被曾蒙海滩

苏梅岛　帕岸岛

通赛湾为您提供一个奢华而又亲近大自然的度假胜地

（Choeng Mon Beach）露出的一块岩石分开，它就像是为一个高级度假胜地而量身定制的。这个海滩上唯一的度假村十分奢华。

住宿

通赛湾酒店（The Tongsai Bay）★

在这个梦幻般的酒店的生态花园里种植着蔬菜和草药，有机废料会被回收，而塑料包装被禁止使用。酒店最小的豪华小木屋也有68平方米，人气最高的别墅会让住在这里的人感觉自己像个国王一样。客人还可以享用屋顶露台上的露天浴缸。其他奢华设施还包括：水疗中心、网球场、健身房及两个游泳池，不过，酒店的价格自然不菲。该度假酒店提供皮艇和小帆船的出租服务。有83间客房。¥ ¥¥¥ ☎ 0 77 24 54 80 @ www.tongsaibay.co.th

曾蒙海滩

（Choeng Mon Beach）（折页H7-8）这个雪白的沙滩同样被青山环绕。

虽然许多或简易或豪华的度假酒店坐落于此，但这里一直是寻求静谧者的一块宝地。您还可以在退潮时蹚水走到离岸边不远的藩诺伊（Fan Noi）。

美食

海滩上有一些供应海鲜和泰国美食的海鲜餐馆，您可以在萨拉苏梅崇文海滩度假村（Sala Samui Choeng Mon Resort）的盘古餐厅（Pangaea ⏰ 每天 ¥ ¥¥¥）品尝到意大利南部的风味美食，环路上还有一家提供印度特色菜的阿克巴印度餐厅（Akbar Indian Resaurant ⏰ 每天 ¥ ¥¥）。该餐厅提供外卖服务。

苏梅岛东海岸

岩石泳池餐厅（Rockpool）

坎达（Kanda）高档度假村的餐厅被美食家誉为苏梅岛最好的餐厅之一。这里提供极具地中海和泰国风味的创意国际美食，客人可以观看厨师工作或欣赏海景。餐厅建立在一块海拔较高的岩石上，是一个在日落时品尝鸡尾酒的好地方！🏠 曾蒙海滩和查汶海滩中间 🕐 每天19:00起 📞 0 77 23 45 00 @ kandaresidences.com

购物

曾蒙海滩有一个小小的游客区，那里有商店、旅行社、电动车租赁站，还有免费的缝纫服务。

户外活动

您可以在沙滩上租赁冲浪板和皮划艇，还可以在沙滩以南距查汶海滩1千米的休养度假胜地——圣泉度假酒店（Absolute Sanctuary @ www.absolutesanctuary.com）预订瑜伽课程，或者只是单纯地欣赏或参与一小时的体验课程（¥650泰铢）。

住宿

帝国船屋海滩度假酒店（Imperial Boathouse Beach Resort）

这是沙滩上一处非常美丽的休闲度假胜地。由小船改建的房间非常适合浪漫主义者。酒店设有水疗中心、游泳池。有210间客房。¥ ¥¥¥ 📞 0 77 42 50 41 @ short.travel/ksm5

P.S塔纳度假村（P.S.Thana Resort）

在泳池边坐落着一些坚固的房子，每个房子都有4个舒适的房间；此外，还有几栋漂亮、宽敞的别墅。房子内都配备空调、电视和小酒吧。有31间客房。¥ ¥¥~¥¥¥ 📞 0 77 41 71 95 @ www.psthanaresort.com

查汶海滩

（Chaweng Beach）（折页G-H 9-10）位于蓝色大海和棕榈树之间、长达4千米的白色海滩，连苛刻的海滩鉴赏家也为之倾心。

查汶海滩（距纳吞20千米）已发展成为苏梅岛的旅游中心。这里什么都有：各种价位的度假酒店、提供将近半个世界菜式的餐厅、旅行社、商店和超市。在酒吧时尚的迪斯科舞厅里，经常有国际顶级DJ演出。虽然渔夫和椰农早已在岛上消失，但这片海滩仍部分保留了往日的气息，这得益于这里严苛的规定：任何海滩度假村都不可以高于棕榈树，因此，许多度假村被建设成郁郁葱葱的热带花园。

美食

食感餐厅（Eat Sence）★

在这里可以一边吃饭，一边从各个角度欣赏美景，这些景致是非常迷人的。餐厅就在沙滩上，您可以开着窗透气或开着空调享受这绝妙的泰国美食，特别是海鲜。🏠 Beach Rd.，靠近香蕉扇海滨度假酒店（Banana Fansea Resort）🕐 每天 ¥ ¥¥¥ 📞 0 77 41 42 42

高良姜餐厅（Galanga）

这是一家装饰高雅的双层餐

苏梅岛　帕岸岛

必游景点

★ 通赛湾酒店
在同名海湾上的高档度假村价格不菲，但非常漂亮。→ P.46

★ 食感餐厅
美味佳肴配海景。→ P.47

★ "海滩餐馆"
浪漫：在查汶海滩边的烛光下享受泰国美食。→ P.48

★ 罗望子泉
一个由大自然创造的休养胜地：在丛林之中的岩石景观中，您可以在蒸完桑拿后到瀑布下的山洞里享受清凉。→ P.55

★ 安通国家海洋公园
国家海洋公园的岛屿就像一个被施了魔法的世界。→ P.51

★ 祖父石和祖母石
这两块拉迈海滩边形状奇特的岩石是苏梅岛上最著名的景点。→ P.53

★ 华路
穆斯林渔民们五彩斑斓的小船是漂浮着的艺术品。→ P.56

★ 图书馆精品设计酒店
美丽全新的度假世界，拥有铺满红色瓷砖的泳池。→ P.50

厅兼咖啡厅。墙上挂着可出售的艺术作品。带有西方口味的泰国美食在这里应有尽有，请务必尝一次 当地推荐 芒果鸭（Ente mit Mango）。🏠 Beach Rd.，靠近绿芒果酒吧（Soi Green Mango）🕐 每天 ¥ ¥¥ 📞 0 77 96 32 13 @ www.galanga-samui.com

罗密欧与朱丽叶餐厅（Giuletta e Romeo）

爱上一个意大利人：在这里，您可以在雅致的环境中感受天堂般的宠溺——从前餐到甜点。别担心，这种爱肯定不会像那个著名的同名小说一样有个令人感到遗憾的结局。建议提前预订。🏠 119/47 Moo 2 🕐 周六至次周四，17:00起 ¥ ¥¥~¥¥¥ 📞 06 11 97 10 80 @ giuliettaeromeosamui.com

螃蟹先生餐厅（Mr. Crab）

田园风味的原创泰式美食：坐在竹椅上，从丰富的菜单里点一道美味的海鲜菜肴，或者来一份菠萝饭如何？餐厅物美价廉，是一家值得再度光临的店。🏠 Chaweng Rd. 🕐 每天 ¥ ¥¥ 📞 08 17 28 93 07

红鲷鱼餐厅（Red Snapper）

餐厅拥有露台和完美的位置，毗邻查汶丽晶海滩度假村（Chaweng Regent Beach Resort），红鲷鱼餐厅隶属于这个度假村。新西兰羔羊、挪威三文鱼和泰国王虾在这里被烹饪得堪称完美。🏠 Beach Rd. 🕐 每天17:00起 ¥ ¥¥¥ 📞 0 77 30 02 00 @ www.redsnappersamui.com

"海滩餐馆" ★●

夜晚时分的查汶海滩将迎来一片田园诗般的景致。这里没有那么多明晃晃的灯泡，您可以有更浪漫的就餐环境。鱼、虾和小龙虾现场烤制，其他的一切食物都能从度假村厨房带到海滩上享用。

购物

纪念品店、精品店和其他商店、

苏梅岛东海岸

裁缝店、超市和数量众多的路边摊依次排列在沙滩路（Beach Road）上。

Annebra

在这里采购性感的比基尼吧，为海滩上的走秀和下一场泳池派对做准备！🏠 Beach Rd.，中央百货（Central Festival）对面 @ www.annebra.com

当地精选 ▶钱德拉时装店（Chandra）

一个名字，两个时装店，汇集了精品的女性服装、配饰和鞋子。以色列人达纳（Dana）和巴拉克（Barrack）收集了这些来自半个亚洲的时尚单品。🏠 Beach Rd.，麦当劳斜对面，中央百货对面 @ www.chandra-exotic.com

苏梅岛中央百货（Central Festival Samui）●

这是一个集百货、超市、餐饮于一体的购物中心。服装、鞋子、配饰……无论您想寻找什么，都能在这个岛上最大的购物中心里找到。除了品牌专卖店、连锁店，这里还有各种特色餐厅。🏠 209，Moon2，Bophut ⏰ 11:00—23:00 ☎ 0 77 96 27 77

市场

服装、箱包、鞋子、纪念品和各种装饰品都可以在沙滩路大市场的许多摊位上买到。🏠 查汶丽晶海滩度假村（Resort Chaweng Regent）对面

户外活动

在沙滩上可以租赁冲浪板、皮划艇和双体船。也可以在蹦极中体验自由落体的感觉，一次价格1 500泰铢（🏠 湖边 @ www.samuibungy.com）。报了名的游客可直接在酒店乘坐蹦极中心安排的车。● 苏梅岛泰国美食艺术学院 [Samui Institute of Thai Culinary Arts 🏠 South Chaweng Beach Rd.，盛泰澜卡伦海滩度假村（Centara Grand Beach Resort）对面 @ www.sitca.com] 会向您透露泰国美食的秘密。该烹饪学校每天提供两次3个小时的课程（⏰ 周一至周六 ¥ 1 850泰铢，另加250泰铢课后餐）。大家会一起享用在老师指导下制作的菜肴。

名副其实的梦幻海滩—查汶海滩

苏梅岛　帕岸岛

在岛上最大的购物中心之一的乐购莲花超市（🏠 Ring Rd.）里，您能找到3个●电影院，那里会放映泰语和英语电影。记得带上您的夹克，因为那里的空调风力很足。如果放电影之前播放国歌，您应该起立。

易飞室内跳伞（Easyfly Indoor Skydiving）

一直想要像鸟一样自由飞翔，但是不敢在4千米的高空跳降落伞？那么您可以在这里体验这种感觉！在一个巨大鼓风机气流的帮助下，您会像一个真正的跳伞运动员那样飘浮着。这在泰国仅此一家！🏠 查汶湖（Chaweng Lake）🕐 每天 ¥ 1 800泰铢起 📞 09 10 38 61 11 @ short.travel/ksm6

夜生活

夜生活中心坐落在查汶中心区，绿芒果酒吧附近和查汶湖边的雷鬼酒吧（Reggae Pub）旁。同性恋酒吧（Gay Sezne）就位于海滨路上的盛泰澜海滩度假村（Centara Beach Resort）斜对面。人妖表演秀在星际卡巴莱餐厅（Starz Cabaret 🏠 Beach Rd., Mot ien Hotel斜对面 🕐 每天22:00）和巴黎歌舞剧院 [Paris Follies Cabaret 🏠 Beach Rd., 方舟酒吧（Ark Bar）对面 🕐 每天20:00、21:00、22:00和23:00] 演出。雷鬼酒吧（🏠 Soi Reggae @ www.reggae-pub.com）已成为苏梅岛的传奇（它于2019年2月庆祝了它的31岁生日），因此这里是怀旧者夜晚必去的酒吧。绿芒果酒吧（@ www.thegreenmangoclub.com）旁是一个

●巨大的露天迪斯科舞台，与之同名的街边小巷能容纳2 000人，喜欢在月光下跳舞的人一定不能错过这里。

在绿芒果酒吧周围还有许多酒吧，从乡村风格到时尚风格应有尽有，其中最受欢迎的是方舟酒吧（Ark Bar @ www.ark-bar.com），它属于与之同名的度假酒店。酒吧在沙滩上占据绝佳位置，中午时分起就有许多DJ在派对泳池边表演。还有一个很不错的选择是 当地精选▶ 北极冰吧（Bar Ice 🏠 查汶湖北部 @ www.baricesamui.com），北极冰吧名副其实：提供毛皮帽子，在2:00会准时停止营业。如果喜欢安静一点，那就在海滩上以一杯鸡尾酒结束这个夜晚吧。许多度假村经营的海滩酒吧提供舒适的躺椅。

住宿

当地精选▶ 查汶海滩酒店（Chaweng Beach Hotel）

舒适的房间位于海滨路的多层建筑内，穿过伊亚拉度假村（Resort Iyara）步行两分钟可到达海滩。房间内配有空调、电视和小酒吧。这里没有床，但有置于木质基座上的舒适床垫。性价比非常高。有36间客房。🏠 Beach Rd. ¥ ¥¥ 📞 0 77 30 04 00

图书馆精品设计酒店（The Libary）★

该设计酒店拥有白色细方石装饰的简约豪华客房，是一处充满未来感的宁静乐土。这里拥有●一个有着大量书籍和DVD的图书馆。绝对引人注目的是这里铺满红色瓷砖的游泳池。即使您不想每晚支付人民币3 000元以上的食宿费，您也应该去海滩酒

苏梅岛东海岸

吧点一杯咖啡并欣赏一下这一整个艺术作品。有26间客房。🏠 Beach Rd. ¥ ¥¥¥ 📞 0 77 42 27 67 @ www.thelibrarysamui.com

长滩旅馆（Long Beach Lodge）

这里的客房是配有空调、电视和冰箱的宽敞别墅。一排排别墅之间是美丽的绿地。设有海滩餐厅。这里充满了无拘无束的氛围。有54间客房。🏠 Beach Rd. ¥ ¥¥~¥¥¥ 📞 0 77 42 21 62 @ www.longbeachsamui.com

O.P.简易别墅酒店（O.P. Bungalow）

简单但干净的别墅，配有空调、电视，设有小酒吧及精心打理的花园。位于海滩上的餐厅提供美味的中国菜和泰国菜。即使在东北季风期间（11月至次年1月），离岸不远的礁石也能挡住巨浪。有35间客房。🏠 Beach Rd. ¥ ¥¥ 📞 0 77 30 05 55 @ opbungalow.com

邀舍查汶度假酒店（OZO Chaweng）

这里什么都有：位于海滩中央的顶级观景位，海滨路周围有许多餐馆和商店。您可以在那里尽情购物，享用自助早餐。来自德国的管理者竭尽全力让客人在这里能住得舒适。有208间客房。🏠 查汶海滩 ¥ ¥¥¥ 📞 0 77 91 52 00 @ short.travel/ksm7

阳光旅馆（Sunny Guesthouse）

旅馆价格实惠，虽位于查汶海滩的中心，但很安静。对于那些不想在奢华酒店度过假期，只想找一个能睡觉的干净地方的人来说，这里是一个很好的选择。这里有友善的员工和良好的氛围。有12间客房。🏠 37/77 Moo 3 ¥ 📞 08 70 55 70 48

周边景点

安通国家海洋公园（Mu Ko Ang Thong Marine National Park）★ 🌿（折页 B4）

安通国家海洋公园有将近40个无人居住的岛屿，位于苏梅岛西北方向，乘船大约需要1.5小时。大多数岛屿都是高出水面200多米的石灰岩。大自然在马可岛（Ko Mae Ko）上创造了一个祖母绿色的咸水湖，其四周被悬崖峭壁环绕着。该公园管理处在最大的岛——瓦拉塔普岛（Ko Wua Talap）上经营着为旅行团提供的简易木质别墅，以及帐篷出租服务。不过，这需要提前报名（@ www.dnp.go.th）。大多数旅行社提供这个迷人岛屿上的浮潜一日游以及一天或多天皮划艇之旅的服务。如果您想要享受一个人的海岛假期，那么您可以选择去帕鲁艾岛（Ko Phaluai）上唯一的度假村——无拘无束的红绣海滩度假村（Angthong Beach Resort，有14间客房 ¥ ¥¥ @ angthongbeachresort.com）。11月初到12月底季风会很强烈，海浪翻涌，所以出于安全考虑，安通国家海洋公园在这段时间会闭门谢客。同时，水面下脆弱的生态系统也可以有两个月时间进行恢复。@ samui.sawadee.com/angthong

小查汶海滩

（Chaweng Noi Beach）（折页 G10-11）小查汶海滩和其"兄长"

苏梅岛　帕岸岛

安通国家海洋公园的魅力：马可岛上的湖闪烁着祖母绿色的光

（译者注：指查汶海滩）间隔着一个海角的另一个杰作。

小查汶海滩长足有1千米，青山环绕，是一个安静的地方，因为这里除了6个度假村，再没有其他值得一提的旅游设施了。在这里游泳很安全，汹涌的波涛巨浪只出现在夏季。

环路下深处的小海湾是一个很好的潜水区，这里的岩石形状令人印象深刻，这些岩石是由海水四面冲刷形成的。岩石之间闪烁着细小的白沙子。从中等到高等价位的5个度假村共享着这个风景如画的地方。

住宿

新星海滩度假村（New Star Beach Resort）

在这里您可以选择在美丽的海滩上或是大游泳池边享受日光浴。最好两个都体验一下，然后去水疗中心。当您最后回到泳池别墅或在海滩别墅休息时，您会知道：假期可以如此美丽！有48间客房。🏠 小查汶滩 ¥ ¥¥¥ 📞 0 77 41 45 00 @ www.newstarresort.com

珊瑚湾海滩

（Coral Cove Beach）（折页G11）珊瑚湾海滩是大自然在东海岸

住宿

珊瑚湾木屋酒店（Coral Cove Chalet）

位于山坡上和沙滩上的别墅都很舒适，配有空调。游泳池旁边还设有一个水疗中心。有81间客房。¥ ¥¥¥ 📞 0 77 44 85 00 @ www.coralcovechalet.com

喜珊瑚湾别墅酒店（Hi Coral Cove）

简单干净的别墅坐落在海湾的棕榈坡上，拥有超棒的海景视角。所有客房都配有空调。前往海滩需穿过一个陡峭的楼梯。有10间客房。¥ ¥~¥¥ 📞 0 77 44 84 67

苏梅岛东海岸

通塔黑安湾

（Thong Takhian Bay）（折页G-H 11-12）即使有5个度假村坐落于此，这里仍然没有被喧嚣笼罩。

这是一个顶级海滩，然而退潮时海水很浅，必须先等待一段时间，直到海水达到游泳合适的深度时才能下海游泳。

住宿

水晶湾游艇俱乐部海滩度假村（Crystal Bay Yacht Club）

虽然游艇并不在这里停泊，但这个度假村是当地最早建起的房子。这个精心打理的园区带有游泳池，别墅并不豪华，但配备了各种舒适的设备（空调、电视和小酒吧）。有43间客房。¥ ¥¥¥ ☎ 0 77 44 84 86 @ short.travel/ksm8

银色海滩度假村（Silver Beach Resort）

这里的别墅很简单，但部分配有空调、电视和小酒吧。这里不适合追求豪华舒适的人，不过重要的是作为紧靠海滩的住所，它的性价比很高。有34间客房。¥ ¥ ☎ 0 77 44 85 42 @ www.silverbeachsamui.com

拉迈海滩

（Lamai Beach）（折页F-G12）这个有着细沙和粗粒沙的4千米长的海滩是继查汶之后苏梅岛上最发达的旅游中心（距离纳吞30千米）。

这里有数不胜数的商店、餐馆和网吧，裁缝店和酒吧围绕着往回延伸的沙滩路并且在小小的中心地段一个挨一个地分布着。许多度假酒店都直接坐落在海滩上。拉迈海滩的消费水平大致比查汶海滩低，夜生活也不是那么无节制和喧闹，原因是这里的海浪更高：这里没有靠近岸边的珊瑚礁。

必游景点

祖父石和祖母石（Hin Ta & Hin Yai）★

拉迈海滩南端的祖父石和祖母石是苏梅岛最著名的景点，它们由大自然创造，位于海滩边并被海水四面冲刷。它们使人联想到男性和女性的生殖器。传说它们代表了一对在海边居住、经历了海难并在死后石化的夫妇。

拉迈寺（Wat Lamai）

在拉迈寺附近仍然可以看到传统的热闹场景，这种热闹把一座寺庙变成了拉迈的中心。您会在这里发现很多旧时代的东西，比如学校旁边历经沧桑的卡车。🏠 环路90度拐弯处

美食

在拉迈海滩寻找高档餐厅会是白费工夫，但有一整排餐馆，提供干净而实惠的菜肴。推荐当地的农产品市场上的小吃摊，它们在日间供应物美价廉的自制泰式美食。

海滩共和国餐厅（Beach Republic）

这个时尚的海滩餐厅属于与

苏梅岛　帕岸岛

祖父石的岩石形状清晰地勾勒出男性生殖器的形状

之同名的度假酒店，提供内容丰富的菜单。泰式咖喱依旧淋在汉堡、鱼、春卷、意大利面、比萨和其他小吃上。一般来说，对于这样的美食大杂烩要谨慎，但是这里的食物质量有保证。🏠 拉迈海滩北端 🕐 每天 ¥ ¥¥~¥¥¥ 📞 0 77 45 81 00 @ www.beachrepublic.com

黑珍珠餐厅（The Black Pearl）

在海滩上享用泰国和欧洲美食。试试预订一次 当地锦囊▶ 位于沙滩前面岩石之间的餐桌。🏠 127/64 Moo 3 🕐 每天 ¥ ¥¥ 📞 0 93 78 13 91

当地锦囊 埃斯恩国际餐厅（Esarn Inter Restaurant）

简单、美味的泰国餐厅，以东北部的美食为特色菜，有辣味咖喱、沙拉、糯米饭和其他特色菜。🏠 环路边，靠近拉迈寺 🕐 每天 ¥ ¥

购物

沿着海滨路走，您会发现很多纪念品店、商店、超市，还有无数小摊围绕着中心区域的拉迈夜市（Lamai Night Plaza）。

渔夫裤商店（Fisherman's Pants Shop）●

商店售卖传统的泰国渔民裤和其他服装，从怪异到时尚风格的衣服都可以在这家以色列人埃雷兹（Erez）开的店里找到，他非常愿意与人愉快地聊天。🏠 北拉迈，海滨平房对面通往海滩的小巷 @ www.fishermenpants.com

户外活动

位于海滩上的租赁公司提供冲浪板租赁服务。拉迈内陆的丛林山脉对于山地自行车骑行是一个极好的地形。自行车可在拉迈P.按摩店（Lamai

苏梅岛东海岸

P. Massage（Ring Rd.，邮局附近，每天200泰铢，08 05 23 27 60）租到。

★● 罗望子泉（Tamarind Springs，0 77 42 42 21，www.tamarindsprings.com）是梦幻般的休养天堂。海滩北端，一条狭窄的小道往内陆方向延伸进一片怡人的绿洲，那绿洲位于充满巨大岩石的丛林景观里。游客可以在一个山洞里蒸桑拿，也可以在天然泳池里享受清凉，小瀑布从中倾泻而下，还可以享受专业的按摩。一定要预先报名，因为只有少数游客可以同时进入这个闻名的园区。预约时间并任意选择一个套餐（洗浴1 500泰铢起，加按摩5 500泰铢起）的同时，建议您拜访一下温泉咖啡馆（Spa Cafés），这里主要提供素食菜肴。

夜生活

拥有许多俱乐部和酒吧的夜生活中心位于麦当劳附近。在开放的拳击台中间有强壮的女拳手用拳头和脚进行搏击，然而大多数游客或许对酒吧里性感的泰国女郎更感兴趣。如果对此都不感兴趣的话，可以去海滩边的 ⚜ 新北欧海滩酒吧（Kon Tiki New Nordic Beach Bar，109/12 Moo 3），这里不仅有绝佳的海景视角，还有美味的小吃可以享用，而且周一和周五晚上还会有篝火表演。

在三叶草爱尔兰酒吧（Shamrock Irish Pub，www.samui-shamrock.com），除了泰国威士忌，还有赠送的健力士啤酒，且每晚都有乐队现场演出。

拉迈夜市（Lamai Night Plaza）

苏梅岛有名的两大夜市之一，规模虽不大，但却热闹。在这里，不仅能吃到泰国的各种平民美食，还能买到具有当地特色的各种小纪念品。⏰17:00至次日凌晨

住宿

当地推荐 拉迈完美度假酒店（Lamai Perfect Resort）

酒店位置有些隐蔽，但性价比极高，距海滩也只有2分钟的步行距离。酒店提供配有电视、冰箱的空调房，还设有游泳池。有30间客房。

物尽其用

在苏梅岛和帕岸岛上大约有250万棵椰子树——这是当地一个重要的经济来源。椰青提供美味、清新的果汁，而白色的椰奶是从成熟椰子的干果肉（椰干）中榨取的。椰干中还可以提取出椰油，椰油可用于烹饪、按摩和肥皂生产。

椰子干燥的外壳可用作燃料，它们的纤维可以制成垫子。坚硬的内壳还可用于制作船只。其中，最直的树干可被锯成木板，树叶可以编织成屋顶材料。这还不是全部：这种万能的树不需要严苛的生长条件，它在潮湿的草地上和炎热的沙滩上都可以生长。

苏梅岛　帕岸岛

拉迈海滩边的佛教僧侣

🏠 Beach Rd. ￥ ¥~¥¥ 📞 0 77 42 44 06 @ www.lamaiperfectresort.com

拉迈万塔海滩度假酒店（Lamai Wanta）

这是一家灰白色、风格冷酷的度假酒店，内设多间舒适客房。泳池就位于海滩前。有许多葱郁古老的树木。有74间客房。🏠 Beach Rd. ￥ ¥¥¥ 📞 0 77 42 45 50 @ www.lamaiwanta.com

海风广场酒店（Seabreeze Place）

三层建筑里的舒适客房，配备电视机、空调、冰箱。有花园、游泳池。性价比高。只需穿过一条街道即可到达海滩。有25间客房。🏠 Beach Rd. ￥ ¥¥ 📞 0 77 96 06 01 @ samuiseabreezeplace.com

温泉度假村（The Spa Resorts）

泳池边的别墅和双层建筑中，配有空调的客房简易而舒适。这是苏梅岛上顶级的海滩度假村之一，以关注客人健康为特色。度假村提供从瑜伽、冥想到蒸气浴再到素食菜肴的各种服务。该度假村的管理层经过了一些调整，2018年后，度假村在建筑及内部装潢上发生了一些变化。有24间客房。🏠 Ring Rd. ￥ ¥ 📞 0 77 23 09 76 @ www.spasamui.com，www.thesparesorts.com

当地锦囊 乌托邦度假酒店（Utopia）

酒店提供舒适的柚木平房，配有电视、冰箱，还有置于海滩上的休闲设施，提供桑拿、按摩等服务。有37间客房。￥ ¥~¥¥ 📞 0 77 23 31 13 @ www.utopiasamui.net

周边景点

华路（Ban Hua Thanon）★（折页F13）

这个距离拉迈3千米的渔村因其五彩斑斓的小船而闻名。小船属于穆斯林渔民，他们的祖先在20世纪初就从泰国南部向苏梅岛迁徙。

苏梅岛东海岸

纳蒙瀑布（Na Muang）●（折页D12）

距榴莲村（Ban Durian）附近的环路大约100米处有一条狭窄的小道拐向纳蒙瀑布1号和2号。2号瀑布有着80米的落差，比它的小兄弟——1号瀑布（大约30米落差）更令人印象深刻。请带上游泳装备，去瀑布底下享受天然泳池的清爽。在这附近还有一个野生动物园，里面有备受争议的动物表演。但如果您爱动物，就不要去观看了。每个旅行社都会提供到这里来游玩的旅游项目。@ www.namuangsafarisamui.com

越信庙（Wat Khunaram）（折页E13）

寺庙本身并没有什么非同寻常之处，但泰国人来这里是为了看高僧Loung Pordaeng（于1973年圆寂）的肉身像，以及祈求得到保佑。一直有一种说法，称这位享年79岁的高僧拥有魔力，他生前预言了他的死亡日并预言他的尸体永远不会腐烂。直到今天，他的预言仍是正确的。¥ 门票免费，但欢迎捐款 🏠 华路以西的环路，距离桑瑞寺（Wat Samret）1.5千米

省钱有道

珍妮泳池别墅（Jean）是曾蒙海滩边最实惠的别墅（有37间客房 ¥ 400~1 200泰铢 ☎ 0 77 42 52 32 @ osoleilbungalow.com）。

您可以在拉迈海滩找到超级多二手书。15 000本书，18种语言，就在 ● 海岛书店 [Island Books 🏠 Ring Rd.，糖棕榈度假酒店（Sugar Palm Resort）对面]。

在拉迈海滩离海水仅几米的地方，不可能找到比纽哈特简易别墅（New Hut Bungalows，有36间客房，有电风扇、淋浴 ¥ 400泰铢起 ☎ 0 77 23 04 37, 08 14 76 13 43）更便宜的住处了。

雨中和雨后的纳蒙瀑布令人印象深刻

苏梅岛南部和西海岸

苏梅岛的旅游业正在蓬勃发展，但在南部和西海岸，至今才刚有点起色。在这里，您会发现一些僻静的小村庄，只有少数的度假村坐落于这个小海湾边。

这里的海滩无法跟北海岸或东海岸的相比，这里的部分区域是碎石和泥沼，许多地方的海水在低潮时因为太浅而无法游泳，但大自然在这里创造了一些沙湾，仿佛闪闪发光的宝石等待着探险家来开采。因为海岛环路在华路之后就向内陆延伸了，所以只有穿过狭窄小道才能到达南海岸和西海岸的度假村，从4170公路拐向这些小路。如果您想出行，则需要有自己的交通工具。下面将以顺时针方向的顺序介绍这些海滩。

那迪恩海滩和拉林

（Natien Beach/Kap Laem Set）（折页 E14）海岸右侧（那迪恩海滩）和拉林左侧与这里的岩石和沙湾构成苏梅岛最美的景点之一。靠近岸边的珊瑚群虽然已经死了，但仍为一些鱼儿提供了住所。

在这绵延的海岸线上只有高档度假酒店。

景点

苏梅岛水族馆（Samui Aquarium）

这里的玻璃窗后面不仅游着五

上图：纳吞的海岸边

> **农村遍布的原始海岸：苏梅岛南部和西海岸的旅游业至今没有什么太大的发展。**

颜六色的珊瑚鱼，鲨鱼和海龟也在巨大的水池里欢快地来回游动。甚至这里还有一只老虎，这是不合规范的：动物朋友应该待在外面！ 🏠 那迪恩海滩 🕘 9:00—17:00；演出：13:30 和14:30 ¥ 门票750泰铢 @ www.samuiaquariumandtigerzoo.com

酒店。这里提供朴素的美味泰国菜。该餐厅的特色菜是海鲜和椰奶汤。🏠 4170公路，位于前往苏梅岛水族馆的拐角处 🕘 每天 ¥ ¥ 📞 0 77 23 31 46

美食

班拉姆餐厅（Baanlamom Restaurant）

这是岛上少数几家独立经营的餐馆中的一个，不属于任何一个度假

住宿

苏梅盛泰乐别墅度假村（Centara Villas Samui）

目光所及之处尽是奢华。部分别墅配备了按摩浴池和游泳池。3个水池在美丽的热带花园里闪耀着蓝光。度

苏梅岛　帕岸岛

与一条巨蛇亲密接触—苏梅岛蛇农场的奇遇

假村建在山坡上，因此这里的管理人员表示，行动不便的客人不适合来这个地方。这里的员工接受过旨在增强环保意识的培训课程，重点在于节能以及废弃物的回收。有100间客房。🏠 那迪恩海滩 ¥ ¥¥¥ 📞 0 77 42 40 20 @ www.centarahotelsresorts

卡马拉雅度假村（Kamalaya）⭐ 🌱

在这个度假胜地，您不仅可以度假，还可以做一些有益身心健康的活动。这里提供的活动有排毒服务、健身训练按摩、冥想和瑜伽。该度假村建在一个山洞周围，洞里曾有佛教僧侣打坐，直到今天仍然可以访问这个隐秘的地方。在这个度假村的餐厅（🕒 每天 ¥ ¥¥¥）里，您可以享用到岛上最美味的素食佳肴，美食是用有机果蔬做的。来一份香蕉鲜花沙拉如何？有76间客房。🏠 拉林 ¥ ¥¥¥ 📞 0 77 42 98 00 @ www.kamalaya.com

沙萨度假酒店（Shasa Resort & Residences）

这个典雅的公寓酒店由超过3栋建筑组成，其时尚套房拥有1个厨房和3间卧室。这里有3个游泳池，顶级餐厅飞跃大海（Beyond the Sea 🕒 每天 ¥ ¥¥¥）创新烹制了美味的泰国菜肴，并提供澳洲神户牛肉。酒店客人还可以沿着风景秀丽的海岸线划皮艇。有32间客房。🏠 拉林 ¥ ¥¥¥ 📞 0 77 91 38 88 @ www.shasahotels.com

班考湾和丁克鲁特湾

（Bang Kao Bay/Thong Krut Bay）（折页 C-E14）在苏梅岛的南部深处，距纳吞13千米处，游客非常稀少。

苏梅岛南部和西海岸

只有少数建筑沿着南海岸分布，而且只有一个高档度假胜地。这里以后可能仍然如此，因为这里没有上千米长的沙滩。这些海湾只有部分区域有沙带，其他地方的海滩往往多石或泥泞。苏梅岛的南部深处没有公共交通，所以要想在班考湾和丁克鲁特湾出行，您需要在度假村租一辆自行车或汽车。

景点

古迹柚木屋（Antikes Teakholz House）

4170公路旁边的村庄泰勒（Ban Tale）聚集了少数房屋，其中有一座值得注意的房子，据说是苏梅岛最古老的房子：它建造于大约150年前，完全是用柚木建的。

兰穆塔（Laem Sor Chedi） 当地锦囊

这个被粉刷得金光闪闪的塔坐落于苏梅岛南端一个与之同名的海角，就在海边，隶属于旁边的兰穆索尔寺（Wat Laem Sor）。这里布满岩石的海滩不适合游泳，却是一个感受寂静和倾听海浪声的美妙之地。游客很少会来到这里，但这里的纪念品摊老板仍然耐心地等待顾客的光临。🏠 4170公路的一条窄道旁边

苏梅岛蛇农场（Samui Snake Farm）

在一个小小的封顶的舞台上，年轻的小伙子为游客表演，他们既不恐惧眼镜蛇的毒液，也不害怕蟒蛇的束缚。

那些年轻人还会大胆地抓蝎子。如果您足够勇敢，也可以亲身体验蟒蛇紧贴脖子的感觉。蛇场也值得参观一下，但如果只是想看一下笼子和饲养室，那么并不值得专门去一趟。如果您在等待下一场表演开始的时间内想补充点能量，街道对面有几个美食摊可供选择。🏠 4170公路西南部，往村庄潘卡（Ban Phang Ka）的拐角处对面 ⏰ 每天7:00—18:00；表演：每天11:00—17:00，每小时一场 ¥ 表演门票300泰铢，蛇农场门票150泰铢

美食

在丁克鲁特湾，您可以在主路上的海滩餐馆丹岛菜肴（Koh Tan Cuisine ⏰ 每天 ¥¥）和丹岛风光（Koh Tan View ⏰ 每天 ¥¥）品尝到美味实惠的食物。无论是简单的炒饭还是美味的鱼肉，都是泰国的家常菜。坐在 当地锦囊▶ 能看到海景的屋顶露台上，那真是美妙极了。

户外活动

丁克鲁特湾有一个丁克鲁特湾

必游景点

★卡马拉雅度假村
这里就像一个绿洲，曾经有佛教僧侣在这里冥想。→ P.60

★塔恩岛
一个时光停滞的小岛。→ P.62

★苏梅岛巴安塔林甘洲际度假酒店
位于山坡上，拥有7个泳池的高档住所。→ P.64

★欣叻瀑布
在狂野浪漫的环境中野餐。→ P.65

苏梅岛　帕岸岛

旅行社（📞 0 77 33 40 52 @ www.Tktoursamui.com），会组织●6小时的传统长尾船旅行（¥每人1 500~1 800泰铢），到达丹岛（Ko Tan）和马德孙岛（Ko Mad Sum）潜水和划皮划艇。报了名的人可直接在度假酒店由旅行社安排的车接走。

住宿

椰子海滩中心度假酒店（Centra by Coconut Beach Resort）

这里从以前朴素的建筑变成如今拥有豪华别墅、2个泳池和1个水疗中心的高档度假酒店。这是南海岸最好的度假酒店。有55间客房。🏠 通潭诺特海滩（Thang Tanote Beach）¥¥ 📞 0 77 27 06 70 @ short.travel/ksm9

周边景点

马德孙岛（Ko Mad Sum）（折页D16）

一个小小的热带天堂，有着仿佛只会出现在明信片上的梦幻而孤独的沙滩。只要您想，也可以住在这里，酒店有37间客房（🏠 The Treasure Koh Madsum ¥¥¥）。

丁克鲁特湾旅行社提供小船转运服务（@ www.tktoursamui.com）。

塔恩岛（Ko Taen）★（折页B-C 15-17）

岛上有一个衰落的渔村和一片棕榈树林。这个小岛距苏梅岛南海岸仅3千米，但自成一个世界。您会发现最大的奇迹不是在水上，而是在水下。这个布满岩石的海岸是该地区最美丽的浮潜地点之一，在石头和珊瑚之间，无数缤纷多彩的鱼互相嬉戏着。可在丁克鲁特湾旅行社预订潜水项目（@ www.tktoursamui.com）。

塔林甘海滩

（Taling Ngam Beach）（折页B13）这个位于西海岸的海滩的部分区域虽然甚至还不如一条浴巾宽，但沙子极其细腻，这里无疑是苏梅岛南部和西部最美的地方之一。

树木葱郁的陆地和沉睡的小村庄塔林甘（Ban Taling Ngam），即使在今天也非常原始，就像第一个游客到来之前那样。

皮影世界

节日和年集时，具有高度艺术性的皮影表演（nang thalung）通常于日落以后在空旷的区域举行。操纵皮影的人蹲坐在白色幕布后面，幕布由灯泡照亮，他在灯前移动皮影，将它们的影子投在幕布上，同时讲述着好人和坏人的爱情及英雄主义故事。游客们更感兴趣的是用水牛皮制作的精制皮影，许多商店提供这种艺术品。也许旅业者现在关心的是，如果最后一块皮影表演的帷幕落下，这门艺术还能否留存于世。

苏梅岛南部和西海岸

狭窄，但沙子细腻—原始美丽的塔林甘海滩

景点

克里王卡拉庙（Wat Kiri Wong-karma）

这个村庄寺庙里也保存着一个高僧的肉身像（Loung Pho Poo Perm，于1976年圆寂）。正如越信庙（P.57）的那个高僧一样，他也预言了自己的死亡日期。但由于克里王卡拉庙相当隐蔽，到此参观的人比越信庙少得多。寺院位于塔林甘。从4170公路左转穿过村庄入口的大象门，再走大约1千米之后您就能在右手边看见寺庙。

美食

维京海岸餐厅（The Virgin Coast）

棕榈树屋顶下的这个典雅的露天餐厅就像一个精致的珠宝。在这里可以享用美味的泰国菜，欣赏5个荒无人烟的离岸小岛的风景。每天 ¥¥~¥¥¥ Five Island Beach，克里王卡拉庙后面800米处转弯 0 77 27 06 89 @ www.thevirgincoastsamui.com

户外活动

苏梅岛巴安塔林甘度假酒店（Samui Baan Taling Ngam Resort）提供各种类型的水上运动。在艾姆苏梅岛度假酒店（Am Samui Resort），您可以预订钓鱼和浮潜项目，还可以租用山地自行车。

五岛（Five Islands）是指西海岸前方5个小小的、无人居住的岛屿。早上或下午乘坐长尾船游览（别忘了带上游泳和潜水用具！），之后顶级餐厅维京海岸餐厅（Virgin Coast @ www.thevirgincoast.com）会为您提供一顿美食。¥ 7 500泰铢起（两人）

苏梅岛　帕岸岛

住宿

艾姆苏梅岛度假酒店（Am Samui Resort）

这是海滩上一片宁静的绿洲。这里的工作人员态度友善。这里有边欣赏海景边进行的按摩，还提供摩托车和汽车租赁服务。平房别墅配备空调、电视、小酒吧，还有游泳池。有20间客房。🏠 塔林甘海滩 ¥¥ 📞 0 77 23 51 65 @ www.amsamui.com

苏梅岛巴安塔林甘洲际度假酒店（Samui Baan Taling Ngam Resort）★

这个顶级度假酒店从海滩一路延伸到绿山的侧翼，是与大自然融为一体的建筑杰作。客房和别墅拥有梦幻般的海景，一切都那么奢华。设有7个游泳池，水疗、健身中心和2个网球场。有89间客房。🏠 塔林甘海滩 ¥ ¥¥¥ 📞 0 77 42 91 00 @ short.travel/ksm4

桑蒂湾

（Santi Bay）（折页 B10-11）绵延5千米的海滩位于林城卡拉姆海角（Laem Chong Khram）和繁忙的海岛行政中心纳吞之间。

桑蒂湾［一些地图上记作奥兰姆町（Ao Laem Din）或春坎湾（Chong Khram Bay）］有一个受欢迎的海滩——利巴诺伊海滩（Lipa Noi Beach），也被称作通扬海滩（Thong Yang Beach），但低潮时海水非常浅。只有在季风季节退潮时可以游泳，没有危险。

住宿

利巴别墅度假村（Lipa Lodge Resort）

一个让人喜爱的精品度假村。热带花园的别墅用棕榈叶覆盖，部分包裹着竹垫子，但里面十分典雅、舒适和宽敞，设有空调、电视、DVD播放机和冰箱。游泳池位于近乎雪白的沙滩前。对于喜欢清净的人来说，这里绝对是他们的不二选择。有15间客房。🏠 利巴诺伊海滩 ¥ ¥¥~¥¥¥ 📞 0 77 48 56 17 @ www.lipalodgeresort.com

省钱有道

胜利酒店（Win Hotel）的客房非常朴素，配备空调和电视，仅需550泰铢。有33间客房。🏠 Chonvitee Rd.，距码头200米，纳吞 📞 0 77 42 15 00

可以在海滩上买到日用品和纪念品，但许多当地人更倾向到岛上的行政中心纳吞购物，因为那里所有的东西都比旅游区便宜。

想吃比萨吗？还是更喜欢咖喱？旁边的人吃着鱼和薯条，看起来很满足……无论如何，幸运餐厅（Lucy Restaurant 🏠 310/22 Moo 3 🕗 每天8:00—21:00 📞 0 77 42 03 92）实惠的价格一定会让您成为这里的回头客。餐厅位于纳吞海港路。

苏梅岛南部和西海岸

即使渔民们的船已停靠在纳吞港口,他们依旧忙得不可开交

拉甲普拉克苏梅岛度假村(Rajapruek Samui Resort)

宜人、宽敞的客房配有空调、冰箱、电视。性价比高——特别是对于西海岸而言,那里便宜的住处非常罕见。该度假村除了提供一个美丽的花园和两个游泳池,还为客人提供 ● 免费租用皮划艇的服务。如果您爱上了这里,也可以选择在这里结婚——度假村可为您安排婚礼。有67间客房。🏠 利巴诺伊海滩 ¥ ¥¥~¥¥¥ ☎ 0 77 48 57 80 @ www.rajapruksamuiresort.com

周边景点

欣叻瀑布(Hin Lat Waterfall)★(折页C10)

旱季时只有涓涓细流,但到了季风季节及之后不久,会有充足的水从岩石上倾泻而下落到深处,甚至形成一个纯天然的游泳池。4170公路在纳吞南部大约2千米处与向海的环路交叉,它延伸至移民办公室和苏梅岛医院,内陆方向延伸至瀑布和欣叻庙(Wat Hin Lat)。

纳吞

(Na Thon)(折页B9)这个苏梅岛的行政中心(6 000人口)在白天时是一个生机勃勃的小镇。

渡轮由这里的码头驶离大陆,渔民在此卸货。餐馆里坐着游客,当地人在主商业街纳吞路(Na Thon Road)上采购所有他们村庄里买不到的东西。日落后,外地游客待在海滩上,当地人回到他们的村庄,自此纳吞的几条道路又安静了,人行道也变得十分通畅。不必期待这里会有旅游景点,只要一个小时就能逛完这整个地方。陈旧的木房仍然坚守在安通路(Angthong Road),与新时代的混

苏梅岛　帕岸岛

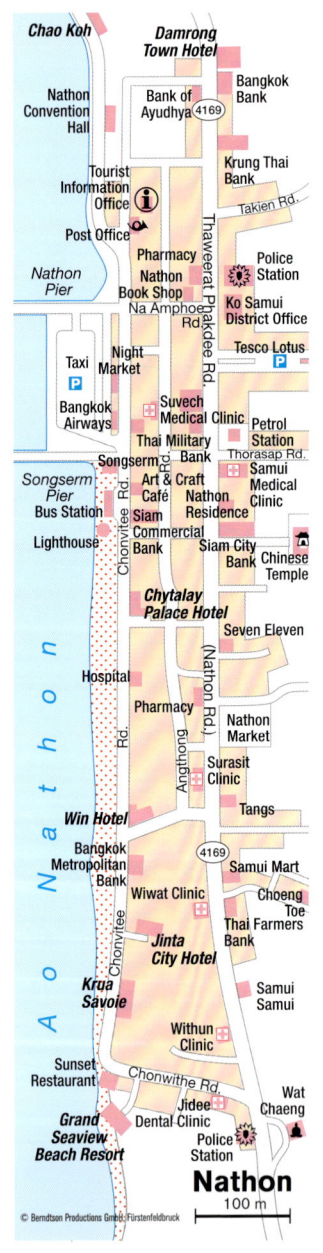

凝土建筑抗争。

美食

纳吞没有高档餐厅，但有一排价格实惠的本地餐馆。美味的泰国家常菜和咖啡就在Mumthong餐厅（ Amphoe Rd. 每天 ¥）。对面舒适的小餐厅 当地锦囊 ▶角落（The Corner 每天 ¥）提供杨枝甘露和芒果配糯米，您一定要尝一尝。旁边的马克斯墨菲爱尔兰酒吧（Max Murphy's Irish Pub）为客人提供啤酒以及炸鱼、薯条、汉堡和其他小吃。泰国菜与海景就在 ●☼日落餐厅[Sunset Restaurant Chonvitee Rd., 海景大酒店（Grand Seview Resotel） 每天 ¥¥¥]的花园里。晚上这里特别美丽，尤其当码头的灯光映在水中时。中国餐馆 当地锦囊 ▶Chong Toe餐厅[苏梅玛特百货公司（Samui Mart Department Store）和泰国农民银行（Thai Farmes Bank）之间的小巷 周二至周日8:00—15:00左右 ¥¥]提供素食，必须推荐的是他家每天制作的新鲜面汤。在☼咖啡岛（Coffee Island Chonvitee Rd.）既可以品尝泰国和西方菜肴，还可以欣赏海景，喝上一杯码头的咖啡。

购物

坐落着许多纪念品店和其他商店的纳吞路是主要的购物街。苏梅玛特百货公司自称为购物中心，但更类似于一个特大的双层旧式小店铺，很适合扫货。当地最大的超市是乐购莲花超市。二手书可以在纳吞书店（Na

苏梅岛南部和西海岸

在纳吞,很多时候人们会在小吃摊填饱肚子

Thon Book Shop(Na Amphoe Rd.)找到,也有中文书。

住宿

几乎没有游客会在纳吞留宿,因为没有人会在一个繁忙的海岛首府的旅馆里度过他宝贵的假期。但如果为了第二天清晨搭上第一艘渡轮,或者在静谧中观赏海滩风光,您也能找到合适的住所。

海景大酒店(Grand Seaview Resotel)

这座"城里最好的房子"虽然已经有点年岁了,但仍以相对低的价格提供着大间客房。酒店坐落在海边,其附属的花园餐厅是观赏日落的好地方。有59间客房。 Chonvitee Rd. ¥ ¥~¥¥ 0 77 42 14 81 @ www.grandseaviewbeachresotel.com

当地精选 纳吞公寓酒店(Na Thon Residence)

酒店位于繁忙的主路中心,因此朝向马路的房间会有点吵(但也有一个阳台,您可以尽情观赏这种繁华美景)。房间整洁、员工友善、性价比高。有26间客房。 152 Na Thon Rd. ¥ ¥ 0 77 23 60 81 Nathonres @ windowslive.com

问询中心

泰国国家旅游局(Tourism Authority of Thailand)(TAT)

在这里可以领取私人旅行社的小册子并获取关于泰国其他旅游目的地的信息。 Chonvitee Rd.,邮局后面的小巷 8:30—12:00,13:00—16:30 0 77 42 05 04

帕岸岛南部和东海岸

苏梅岛的邻岛帕岸岛已经蓬勃发展了好几年。从通沙拉经过海角到林海滩的街道上遍布商店和酒吧。

一条小街连通海和一片度假村,但尽管如此,您也不用担心从班泰(Ban Tai)到班凯(Ban Khai)的海滩会变成一个游乐场。这里没有大型旅馆,都是在棕榈树遮挡下的别墅,房屋之间留有足够的空间。只有在林海滩,房屋之间才会距离较近,但在那之后,纵观整个东海岸,帕岸岛又展现了它原始的一面——从陡峭的山崖向下到崖壁和小海湾附近,雨林丛生。以下按照从南部通沙拉到东海岸的顺时针顺序为您介绍这里的海滩。

通沙拉

(Thong Sala)(折页 D5)一条宽阔的主路,几条沿街小巷:在有着2 000人的居民区和码头,您可以看到旅行社、小酒馆和商店,但却不会发现裁缝店。

在泰国的旅游区,比如帕岸岛,人们不文身就仿佛啤酒节没有啤酒一样不同寻常。几乎每一个游客到达3个码头之一后都会前往海滩住宿,只会在白天待在通沙拉。

上图:林海滩的满月派对

半岛最著名的派对海滩以及林海滩和雨林之间的海湾最受年轻游客欢迎。

美食

A's 咖啡馆 [A's Coffee-shop 🏠 Taladkao Rd., 泰京银行 (Krung Thai Bank) 旁 🕒 每天 ¥¥¥] 提供一些国际化的食物,如希腊沙拉和咖喱香肠。在每日甜点咖啡馆 (Daily Sweet Café 🏠 99/25 Moo1 🕒 每天 ¥¥~¥¥) 可以享受到新鲜烹制的咖啡和特别棒的早餐。中心小饭馆每天的 当地推荐▶夜市 (🕒 从 16:00开始) 提供的小吃对很多人来说都是美味,因为这是岛上最正宗的泰国小吃。

购物

沿着主干道和支路分布着一些纪念品商店和其他店铺。如果您对香肠和奶酪感兴趣,那么您肯定能在岛上最大的超市——乐购莲花超市满载而归。

苏梅岛　帕岸岛

在这里一切都是可利用的——椰子是最好的经济作物

休闲/娱乐

银器匠可以亲手锻造首饰。如有时间，您可以去银器工作室（Workshop Silver）学习。🏠 主干道 🕐 短期的有1—3天的课程 ¥ 一天的课程售价1 500泰铢，包含5克银的费用 📞 08 90 34 60 36 @ www.workshopsilverkohphangan.com

住宿

B52海滩度假村（B52 Beach Resort）

海滩边雅致而现代的度假村离市中心不远。天然材料的使用和巴厘岛的风格为这座度假村营造了浓郁的度假氛围。有23间客房。🏠 码头东部约700米处 ¥ ¥¥~¥¥¥ 📞 0 77 37 79 27 @ www.b52resort.com

大神田海滩别墅度假村（Da Kanda Villa Beach Resort）

主建筑及邻近游泳池和海滩的别墅（更昂贵）里有设施齐全的客房，一切都很宽敞。步行5分钟即可到达市区。有52间客房。🏠 码头东部约600米处 ¥ ¥¥ 📞 0 77 23 89 66 @ www.dakandaresort.com

周边景点

龟岛（Ko Tao）★（折页B3）

龟岛又名阁道岛，被泰国湾环绕，是这里的最佳潜水地。龟岛位于帕岸岛以北45千米处，有很多年轻游客来这里休闲度假。人们很难相信，这个面积仅21平方千米的小岛曾经是一个罪犯流放地。最近，一些不明原因的死亡事件给年轻游客的小岛之旅留下了一些阴影，不过很难说这是媒

帕岸岛南部和东海岸

体炒作还是真相。

从通沙拉开来的游轮（🕐 从通沙拉出发的时间是8:30、12:30、13:00和14:00，用时1.5小时 ¥ 450泰铢起）停靠在奥湄海滩（Ao Mae Hat）边。饭店、潜水学校、店铺、度假村一个接一个。再往北，距村庄步行可达的距离之外，是这个岛的主海滩——塞里海滩（Hat Sai Ri）。在这片位于岛西部的海滩，您可以欣赏 当地锦囊 极美的日落。当您手捧鸡尾酒，在沙滩上靠着一个舒适的三角抱枕，观察着天空中绚丽的色彩变换时，常常能获得意外之喜。最佳观赏地 当地锦囊 玛雅海滩俱乐部（Maya Beach Club）位于海滩的中心地段。大多数的酒店都以宜居为原则，但也不乏一些比较浪漫的住所，如森西海滩度假天堂酒店（Sensi Paradise Beach Resort，有40间客房，只能网上预订 ¥ ¥¥¥ @ www.sensiparadiseresort.com）。

龟岛上的小海滩给这里带来了宁静，您可以待在南边的海湾查洛克班考（Ao Chalok Ban Kao）和鲨鱼湾（Ao Thian Og）。实际上，如果运气好的话，人们还可以进入气舱，在近海滩处近距离观察鲨鱼！别害怕，您遇到的乌翅真鲨虽然看上去可怕（成年鲨鱼身长可达2米），实际上是没有危险的。但是为了安全起见，还是不要去招惹鲨鱼。

龟岛一直以来都是潜水者的天堂。很多度假村都会开设一所自营或是和培训学校一起合作运营的潜水学校。因此，非潜水者需要提前咨询看能不能订到一间房间。

班泰海滩和班凯海滩

（Ban Tai Beach/Ban Khai Beach）（折页 E-F 5-6）通沙拉南边的海岸线被分成约6千米长的柔和弧形，形成一片被棕榈树环绕的海湾。

这片黄色沙滩旁的海域很浅，但是它的水质很酸。这是一片可以让您漫步或者把之前没时间读的所有书读一遍的理想海滩，最多只有渔船发出的"嗒嗒"声时不时打破这里的安静。如果您喜爱热闹，距此仅几千米远的林海滩就有现场派对。这儿沿着主干道有一排旅游基础设施，一条斜

必游景点

★ **龟岛**
泰国湾尽情潜水，这里是隐藏在水下的真正的天堂。
→ P.70

★ **萨里坎唐**
坐落在一片海滩附近的迷人度假村。→ P.76

★ **从班凯到提恩海滩**
这条冒险之路一路带您通往热带雨林中部。→ P.76

★ **圣所度假村**
在这所远离市区的度假村，人们可以享受到身心的宁静。→ P.77

★ **通奈潘伊海滩和通奈潘诺海滩**
这两个没有派对的海湾是寻求平静的人和家庭游客的最佳选择。→ P.78

苏梅岛　帕岸岛

坡通往度假村。小餐馆会邀请游客进去品尝，商店也会邀请您进去购物。同时，请不要忽略了现今依然存在的老房子！

景点

奈庙（Wat Nai）

在由班泰深入内陆通向诺克（Ban Nok）的路上开车约5分钟便可到达这座不起眼的小寺庙。它的特别之处在于，数百年前建的这座寺庙是这座岛上历史最悠久的建筑物。直到今天仍有很多当地人到这座寺庙来烧香、祭拜。

美食

如果您不想只在度假村的酒店吃饭，可以沿着主干道走，您会看到一整排的小饭馆。一些海鲜专门从班泰码头运送到这些小饭馆。在渔人家（Fisherman's ¥~¥¥ 08 44 54 72 40），您可以喝着鸡尾酒欣赏日落，享受红咖喱龙虾，甚至可以在海滩边停靠的 当地情报 长尾船 中休憩。

购物

当地情报 月亮先生的吊床爱好者画廊（Mr. Moon's Hammock Lovers Gallery）班泰，靠近通往考坦庙的岔路口）有米拉比里人（Mlabri）搭建的吊床。米拉比里部落曾经是森林游牧民，他们如今居住在泰国北部，仅剩下几百人。

户外运动

考坦庙（Wat Kow Tham）

这座位于班泰旁山上的寺庙是帕岸岛最著名的冥想地。每月的10—20日会在此集中举办短期冥想课程，白天闭门谢客。@ www.wat-kow-tham.org

澎庙（Wat Pho）

在寺庙可以蒸桑拿吗？这座位于班泰的寺庙将这件事变为可能。男女分开享受 当地情报 草本桑拿 。在澎庙外还有一片绿地，给这里带来了清凉。14:00—19:00 ¥ 50泰铢，欢迎小费。

受保护的身体艺术

传统的文身在泰国不是时尚的表现，而是抵抗生活中逆境的盾牌。乡下人尤其不愿意舍弃文身，并始终在皮肤上文几何状的杨特拉（Yantra，译者注：印度宗教中一种神秘的符号）装饰。谁能忍受这样痛苦的过程，就证明他已从少年长大成人。传统的文身带有宗教的性质，大多由僧侣来完成。当针刺皮肤时，会有一位高僧朗诵咒语，赋予文身神奇的力量。这证明了泰国佛教与万物有灵的信仰息息相关。

帕岸岛南部和东海岸

住宿

露岸别墅（Dew Shore Bungalow）

这是当地设施最好的别墅。这个宜居的别墅带有阳台，配有电视、冰箱、游泳池。🍴饭店重视新鲜食材，有一部分蔬菜还是自家菜园种的。有23间客房。🏠班泰海滩 📞0 77 23 81 28 💴¥¥~¥¥¥ @www.dewshore.com

帕岸岛海滩度假酒店（Phangan Beach Resort）

海滩上棕榈叶下的吊床、阳台上的三角枕——在这个舒适的酒店里人们可以得到全面放松。木质别墅配备有不同设施：空调、电视、冰箱或者一台简易的电扇（💴¥）。同时酒店还配备游泳池供客人放松。有25间客房。🏠班泰海滩 💴¥¥ 📞0 77 23 88 09 @www.phanganbeachresort.com

当地推荐 帕岸岛彩虹别墅酒店（Phangan Rainbow）

这是一个简单但是建得十分漂亮的木质别墅，配有空调或电扇，富有家庭气氛，让您觉得物有所值。有25间客房。🏠班凯海滩 💴¥~¥¥ 📞0 77 23 82 36 @www.rainbowbungalows.com

林海滩

（Hat Rin）（折页 F-G6）作为满月派对的舞台，林海滩早已成为世界各地的派对爱好者心中的圣地（距

在这里吃吃喝喝，放松自己：在林海滩有无限可能

苏梅岛　帕岸岛

离通沙拉12千米）。

海角西侧的西林海滩是莉拉海滩（Leela Beach）的一部分。海滩狭长，富含泥石，不适合游泳。东林海滩是一流的、宽阔的海滩，被绿色的丘陵所围绕，它是满月派对的舞台。海角两侧的林海滩并不是宁静的绿洲，这里的一切都建得十分紧密，看上去像神秘的东方土地上狂野的西部世界。这里距离泰国大陆十分遥远。所有来到林海滩的人，都不是因为这里的风土人情，而只是简单地想要庆祝和愉快地玩耍。

以色列、墨西哥、意大利进口的商品以及泰国的本地商品。这里几乎没有高档餐厅，但是有一些昂贵的度假村的餐厅会有高级厨师。来自世界各地狂热的派对爱好者带着汉堡、法棍各式各样的肉排准时来到这儿。来自尼泊尔的莱俱先生（Mr. Raju 🏠 西林海滩 🕐 每天 ¥ ¥）在格涅沙（Om Ganesh）给长途汽车司机提供美味的印度菜和素食。在尼拉斯面包店（Niras Bakery 🏠 东林海滩，靠近学校的路上 🕐 24小时营业）可以买到各式法棍和抹着酸奶酱的烤土豆。

美食

每一个当地商店都陈列着大量从

购物

林海滩的购物需求甚至比该岛首

林海滩的每一个商店和度假村都是帕岸岛的"旅游景区"

帕岸岛南部和东海岸

府通沙拉都大。商店里挂着超短比基尼和贝壳链,这里有一切让您变几周"疯子"所需的东西。此外,还有常见的纪念品:从假手表到彩绘纸屏,一切都为了满足日常所需。

夜生活

每月月圆之时,狂欢爱好者们便会在东林海滩跳舞。很多人从世界各地赶来就是为了满月派对。满月派对起源于20世纪80年代的小型篝火晚会。虽然派对风暴中心在月亮天堂小屋(Moon Paradise Bungalows)的前面,但在派对期间从扩音塔传来的声响回荡在整片海滩。几乎每一种音乐都是从鼓打贝斯(Drum 'n' Bass)变成铁克诺音乐再演变成迷幻舞曲(Trance)甚至摇滚(Rock)。在不同的演出季节,这片长600米的海滩会有3万名甚至更多派对狂人一直狂欢到黎明。在人群中有时刻保持警惕的便衣警察,严防犯罪、毒品交易的发生。

不要把行李和贵重物品带去派对,结实的鞋子能让您避免受伤,因为沙滩里有碎玻璃。很多轻型摩托车骑手更加危险,他们醉酒骑车回家,因此在派对之后,从林海滩通往通沙拉的弯曲街道经常发生事故。

当月圆之时,公共双层巴士整晚都在林海滩和通沙拉之间往返。在帕岸岛,旅行社会在满月派对之时提供一些包含住宿的路线。@ www.fullmoonpartypackage.com

不过无论月亮是圆是缺,林海滩都是一个热闹的地方,比如海滩上的沙堡俱乐部(Sandcastle Club)、托米酒吧(Tommy Bar)和传奇的仙人掌俱乐部(Cactus Club)。海滩之间的后院俱乐部(Backyard Club)以及它的私人派对和去来酒吧(Out Back Bar)有林海滩最时髦的夜生活,因为这里没有被嘈杂的舞曲声音环绕。在雷鬼屋(Reggae House),人们可以在吊床上乘凉。

住宿

一般来说,住在人气较低的西林海滩的度假村比住在东林海滩的度假村更便宜。所有地方在满月派对时,价格都会有所提高。这种现象不仅发生在林海滩,通沙拉以及再往北的地方都是如此,即使这样,度假村也需要提前一周预订。很多度假村仅在派对期间出租房间,并且只租三四天。

帕岸岛湾景度假酒店(Phangan Bayshore Resort)

它拥有东林海滩最宽敞的房间和最耐用的设施。带有游泳池的草坪一直延伸到这座三层高的酒店的两侧。酒店内有舒适的房间,但如果您不预订,酒店是不会给您留房的。想要来满月派对,您需要提前整整一周的时间预订。有89间客房。 ¥¥~¥¥¥ 0 77 37 52 24 @ www.phanganbayshore.com

林海滩景色度假村(Rin Bay View)

度假村有20个设有电扇或空调的客房,分布在别墅和一幢两层的建筑里,电视、小吧台一应俱全。海湾的西侧都是客房,显得相当紧凑,但是在客房前有一个小小的院子,舒适的海风透过窗徐徐吹来——这是在派对后最令人愉快的享受。有20间客房。

苏梅岛　帕岸岛

🏠西林海滩　💰¥~¥¥　📞0 77 37 51 88

萨里坎唐（Sarikantang）★

这里恰似人们心目中的梦幻海滩：雨林和鲜花在白色的沙滩上生长。别墅的装潢风格从简单到奢华应有尽有，但是所有的别墅都配备有空调、电视、小吧台、游泳池、温泉和健身房。尽管这里距离派对海滩步行仅需7分钟，人们却能在这里发现一个完全不同的世界。有53间客房。

🏠莉拉海滩　💰¥¥~¥¥¥　📞0 77 37 50 57　@ www.sarikantang.com

省钱有道

在通沙拉的海岛书店[Island Books 🏠Taladmai Rd., 市中心主干道, 靠近泰国军事银行（Thai Military Bank）]可以找到二手外文书。

如果有零钱，您可以从早晨很早一直到半夜（在满月时到黎明）都待在东林海滩的露天小酒馆鸡角（Chicken Corner 🏠海滨路到西林海滩的岔路口）。

您可以在首府通沙拉的市中心夜市上吃到物美价廉的美食，如泰式炒面。💰40泰铢起 🕐17:00以后

帕岸溪沙度假酒店（Phangan River Sand Resort，有20间客房 🏠班泰，靠近通往考坦庙的岔路口，位于海滩和街道之间 💰500泰铢 📞08 14 76 01 65）是由木头和竹子建造的简易别墅，带有阳台，提供舒适的床和蚊帐。

提恩海滩和萨得海滩

（Hat Tien/Hat Sadet）（折页H3-5）● 两侧的高山将这两个海湾的沙滩与其他岛屿以及世界的其他地方分隔开来。

隐居者和热爱自然的人在帕岸岛无处可住。海滩被日益增加的游客占据，他们从林海滩乘坐长尾船到达这里。然而船运在11月和12月会受限制，甚至可能完全停运。游客只能通过一段冒险的山地丛林路段（如果没有下大雨的话）来到这里。长达半小时的★从班凯到提恩海滩的旅途对于大自然爱好者来说可以算是全程高潮，仿佛坐在过山车上穿过一片遍布高大树木的原始丛林。去往萨得海滩则是一次简单的十分钟旅程[从由班泰通往通奈潘（Ban Thong Nai Pan）的街道的分岔路算起]。

景点

当地精髓 萨得瀑布（Than Sadet Waterfall）

一条宁静的溪流穿过雨林蜿蜒前行。在雨季，溪水自巨大的岩石上沿着3个点顺流而下形成瀑布。美丽的溪涧曾深深吸引了国王。国王朱拉隆功（Chulalongkorn）在1888—1909年间曾10次到访该地。国王普密蓬（Bhumibol）在1962年来此，倾心于这里优美的自然环境。这也是很多当地人来这里郊游的原因：找寻国王的足迹。

帕岸岛南部和东海岸

休闲/运动

周二从20:30起，提恩海滩的●圣所度假村（The Sanctuary）会架起一块银幕，放映高质量的电影。该度假村也提供皮划艇出租。

住宿

两个海滩都没有连接公共电网。发电机通常只工作至半夜，只有圣所度假村昼夜不停地供电。您需要提前弄清楚度假村（尤其是小的度假村）是否会在整个雨季（11月、12月）开放。

梁式别墅（Beam Bungalow）● ⚜

在山坡上俯瞰着宽阔的棕榈草甸和海湾，还有用竹席铺盖着的棕榈屋顶别墅。房间均配备淋浴设备和电扇。有40间客房。🏠 提恩海滩 ¥¥，仅凭身份证件预订

麦朋莱简易别墅酒店（Mai Pen Rai Bungalows）

酒店名字的意思是"没问题，没关系"，这里轻松且随——就如它的名字那样，您可以在这儿悠闲地度假。别墅比较简朴，但是每一间客房都有单独的浴室和电扇。有43间客房。🏠 萨得海滩 ¥¥ ☎ 0 77 44 50 90, 08 18 94 50 76 @ www.thansadet.com

皮拉萨得度假村（Plaa Thansadet Resort）⚜

住在悬崖上：带有淋浴和风扇的质朴别墅高高耸立在巨大的岩石

在萨得瀑布的溪涧间漫步：陡峭，有时又很滑

之间，由陡峭的小路相连。别墅内气氛轻松，在里面可以看到极佳的海湾风景。有12间客房。🏠 萨得海滩 ¥¥ ☎ 08 83 83 12 68 @ www.plaa-thansadetresort.com

圣所度假村（The Sanctuary）★

在雨林和大海间放松身心吧！度假村有带空调的套房，也有仅需200泰铢的床位。度假村提供禁食疗法、瑜伽、医疗按摩、冥想，还提供温泉以及平板电脑出租服务。全年开放。有60间客房。🏠 提恩海滩 ¥¥~¥¥¥ ☎ 08 12 71 36 14, 08 18 99 22 69 @ www.thesanctuarythailand.com

苏梅岛　帕岸岛

通奈潘伊海滩和通奈潘诺海滩

（Hat Thong Nai Pan Yai/Hat Thong Nai Pan Noi）（折页 G-H2）
★对于很多人来说，这两片海滩是岛上风景最优美的地方。通奈潘伊以安纳塔拉别墅度假酒店（Anantara Rasananda）为主，而它的姐妹通奈潘诺海滩上的旅游设施则更小也更便宜。

度假小屋必须要为高档度假村腾地方，但是尽管如此，这里也没有变成一片露天游乐场，通奈潘依然是一个舒适的度假胜地。从网吧、纪念品商店到旅行社，所有旅游基础设施在这里都可以找到。

堡。在 露娜饭店（Luna 🏠通奈潘诺 🕘9:00开始 ￥ ￥~￥￥ @luna-restaurant-phangan.com）甚至有更高级的菜肴，如姜汁鸭脯。

美食

在拉斯塔宝贝（Rasta Baby 🏠通奈潘伊 ￥￥）有肉排、卷饼，还有汉

购物

一切日常需求，从生活用品到衣服，在通奈潘诺的商铺里应有尽有。

大象和旅游业

在东南亚，游客和大象是一个敏感的话题，不论是在苏梅岛还是帕岸岛，与驯养的大象接触多数情况下都十分商业化，是一桩有利可图的生意。很多徒步旅游包含去大象营地郊游，在那儿可以抚摸大象或给其喂食，还有一些其他的互动，比如绘画和骑行。纯粹的大象收容机构——可以说是给年老的大象修建的养老院——和为了吸引游客的纯商业机构之间的界限非常模糊。而且令人沮丧的是，马戏团常常会表演一些对动物来说不恰当的节目。但有一个好的转变是显而易见的：一家旅游公司取消了在表演中让游客抚摸大象的环节。作为游客，您可以仔细观察是否有对动物不当的行为，如果能提前向相应的动物保护组织咨询的话就更好了。

帕岸岛南部和东海岸

棕榈树、白色的沙滩、湛蓝的大海—通奈潘诺满足一切游客对完美海滩的需求

住宿

当地精需▶海豚别墅（Dolphin）

带有淋浴、空调或电扇的木质别墅，坐落在一片繁茂的热带花园里。这座别墅虽然看不到海景，但是有一家田园酒吧，还有一个放着三角枕的亭子可供客人放松身心。有26间客房。🏠 通奈潘伊 ¥~¥¥，仅凭身份证件预订

长尾海滩度假村（Longtail Beach Resort）

位于海滩尽头的静谧地带，配备独特、舒适的设施，非常适合带小孩出行的家庭。当地精需▶酒店的餐厅（⏰ 每天 ¥ ¥¥）在当地人中有很好的口碑，同时也有很多游客会来参观周围的设施。在游泳池前，您可以欣赏到绝妙的海滩景观。您将面临选择：是先去游泳池，还是先去海边呢？有43间客房。🏠 通奈潘伊 ¥ ¥¥ ☎ 0 77 44 50 18 @ www.longtailbeachresort.com）

桑迪亚水疗度假村（Santhiya Resort & Spa）

这是岛上最奢华的度假村。名贵的别墅分散在绿色的海角上，清凉的泳池水注入人造瀑布中。有101间客房。🏠 通奈潘诺 ¥ ¥¥¥ ☎ 0 77 42 89 99 @ www.santhiya.com

通塔潘酒店（Thongtapan Resort）

这座带有电扇或空调的简易别墅位于山坡上，周围一片绿荫。到了夜晚，这家舒适的酒店会在海滩举办烧烤活动。有30间客房。🏠 通奈潘诺 ¥~¥¥ ☎ 0 77 23 85 38 @ www.thongtapan.net

帕岸岛西部和北海岸

位于通沙拉北部的海滩和帕岸岛西海岸,并不是让游客第一眼看到就想要去旅游的地方:红树在岸边的泥浆中发芽,一些地方碎石滩比沙滩还多。

即便如此,这里还是有沙滩质量很好的海湾,越往海岸行驶,就越能欣赏到原始的自然景观。在长滩(Hat Yao),您可以再次看到梦想中的海滩配色:湛蓝的海水、洁白的沙滩和绿色的棕榈树。这里只有零星几个村庄,相比之下,北海岸唯一的渔村——查洛克拉几乎算得上是一个小镇了。在同名的海湾旁,帕岸岛以北有一个岩石悬崖海岸,但在这里您仍可以在瓶子海滩(Hat Khuat)上发现风景优美的棕榈树海滩。除了查洛克拉村,在北海岸附近没有商店,但是所有日常用品都能在瓶子海滩买到。下面按照从通沙拉沿顺时针方向排列的顺序介绍这些海滩。

奈沃克湾/沃克通湾

(Nai Wok Bay/Wok Tum Bay)(折页 C-D 3-4)从通沙拉步行15分钟,就能到达风景如画的奈沃克湾。

沙滩上有一些不错的度假村,住在这里的人们既可以享受便利,又拥有宁静的家庭氛围。沃克通湾也很安静。

上图:湄哈湾和麻岛之间的沙滩

如存在于《鲁滨孙漂流记》中一般的海滩,位于斜坡上的别墅成了一些旅游者想要留宿的地方。

美食

除度假村外,只有主干道沿街有几家小饭馆。

购物

在奈沃克(Ban Nai Wok)和沃克通(Ban Wok Tum)有几家生活用品小铺和商店,可以买到所有必需品。

住宿

曲奇别墅(Cookies Bungalow)

在这里,您将重回旧日旅行者的生活,住在由木头和稻草搭建的简易小房子里。虽然并不是每一个人都喜欢这种住宅,但是有些游客对此很感兴趣。有18间客房。🏠 Ao Play Laem ￥￥ ☏ 0 77 37 74 99

苏梅岛　帕岸岛

长滩：帕岸岛最长的海滩

推荐 海景旅馆（Sea Scene）

在海湾的北端，一片美丽的花园里建了8座带电扇和淋浴的干净别墅，还有11座带空调和冰箱的小屋。🏠 Ao Play Laem ¥ ¥~¥¥ 📞 0 77 37 75 16 @ www.seascene.com

斯塔露海滩/柴老海滩

（Hat Sri Thanu/Hat Chao Pao）（折页C2-3）斯塔露海滩位于通沙拉以北约7千米处。柴老海滩则是由一个岬角分离而形成的。

这是一片沙量丰富的海滩，海岸有些地方的淤泥里长着红树。在退潮时水面平整。如果您想要洗淡水澡，可以去村庄斯塔露（Ban Sri Thanu）旁的连森（Laemson）。

美食

沿街走到海滩后面，有一个简易的旅游村，里面有一家小饭馆。

住宿

尼斯海度假村（Nice Sea Resort）

在洁白的沙滩上分散着带有淋浴、电扇或空调的简易别墅，一些设施更完善的还带有电视和冰箱。其中一幢联排别墅，内设许多双人间，还带有阳台。有16间客房。🏠 斯塔露海滩 ¥ ¥~¥¥ 📞 0 77 34 91 77 @ www.phangannicesearesort.com

海之花简易别墅（Seaflower Bungalows）

别墅配置是泰式或韩式家庭的标配。这是自1987年起精心修复和重建的经典。由天然材料搭建成的通风良好的饭店值得一看，酒吧也有

帕岸岛西部和北海岸

游览价值。有20间客房。🏠 柴老海滩，81/2 Moo 8 ¥ ¥¥ 📞 0 77 34 90 90 @ www.seaflower.bungalows.com

长滩

（Hat Yao）（折页 C2）★在这片距离通沙拉8千米的棕榈海滩上，一切都是完美的。海水很深，退潮时也能游泳，离岸边不远的珊瑚礁也在邀请您下去潜水。

长滩长约1千米，对一些人而言，这里是帕岸岛最美的海滨浴场。作为西海岸最发达的海滩，这里几乎已经没有什么廉价别墅了。

美食

沿着街头走可以发现一些简易的饭店和酒吧。

当地推荐 ▶ 胡椒餐厅（Peppercorn）

这家德国人经营的餐厅吸引了很多住在别的海滩的顾客。汉尼（Hanni）和弗里迪（Friddi）是这里的店主，他们将进口的牛排和浸在白葡萄酒里的面包卷放在餐桌上，还有可口的素菜。芒果蛋糕是店主亲自烤的，加了奶油的自制苹果派也值得期待。🏠 长滩和萨拉德海滩（Hat Salad）之间的山丘上 📞 08 78 96 43 63 @ www.pepper cornphangan.com ¥ ¥¥~¥¥¥

购物

在小商店可以买到纪念品和一些生活必需品。另外，在湾景度假酒店（Bay View Resort）的入口处有两家大型超市和卖二手书的书店。

户外运动

在海水清澈的海湾进行一次美妙的珊瑚礁浮潜吧！如果您从水下的发现之旅中找到了乐趣，可以再找长岛潜水员（Ko Yao Divers 🏠 84/31 Moo 8 📞 08 62 79 30 85 @ haadyaodivers.com）报名一节潜水课（¥ 8 500泰铢起），这里还有针对小朋友开设的"泡泡小勇士"（Bublemaker）课程。

住宿

松海滩度假村（Hat Son Resort）

别墅内有宽敞而舒适的房间，酒店位于小小的松海滩（Hat Son），在长滩南端的海角上。同样配备有游泳池。有57间客房。¥ ¥¥~¥¥¥ 📞 0 77

必游景点

★ 长滩
有着浅蓝色海水的长滩是帕岸岛风景最优美的海滨浴场之一。→ P.83

★ 麻岛
一个在退潮时可以步行到达的小岛。→ P.84

★ 观音庙
一座中国式寺庙，外面有查洛克拉湾的棕榈林和海洋的壮丽风光。→ P.85

★ 瓶子海滩
如今在瓶子海滩，您仍会感到很舒适。→ P.87

苏梅岛　帕岸岛

34 91 03 @ www.haadson.net

长滩湾景酒店（Hat Yao Bay View Resort）⚜

这座曾经简朴的旅客招待所如今成了长滩最大的度假村。这里风景优美，别墅和酒店内舒适且奢华的房间吸引了各地的游客，部分房间还配备有按摩浴缸。游泳池、温泉一应俱全。有99间客房。¥ ¥¥~¥¥¥ ☏ 0 77 34 91 93 @ www.haadyao-bayviewresort.com

长湾度假村（Long Bay Resort）

海滩旁有泳池和公园，别墅配备空调，稍贵一些的房间还有电视和冰箱。在满月派对期间需要至少住满5天。有32间客房。¥ ¥¥~¥¥¥ ☏ 0 77 34 90 57 @ www.longbay-resort.com

希拉利亚（Shiralea）

这座简单的乡村别墅不直接临海，而是建于海滩的后面。它处在一片绿荫之间，漂亮的房顶由芭蕉叶覆盖而成，配备有空调或电扇以及一个小泳池。有30间客房。¥ ¥~¥¥ ☏ 0 77 34 92 17 @ www.shiralea.com

湄哈湾

（Mae Hat Bay）（折页C-D1）在帕岸岛东北端有一片海湾，拥有最纯净的沙滩和松石绿的海水，是绝佳的浮潜区。

★麻岛（Ko Ma）的上游地带有珊瑚礁，您可以在退潮时从沙滩上蹚水过去。这里有大量的度假村，其中约一半都是别墅。

住宿

皇家兰花堡度假村（Royal Orchid Resort）⚜

度假村建于绿荫中，可以欣赏麻岛美丽的风景。别墅带有空调或电扇，每个房间都有淋浴设备。这里平坦的海滩不适合游泳，海滨浴也只能洗2分钟。有30间客房。¥ ¥~¥¥ ☏ 0 77 37 41 82 @ www.royal-orchidresort-phangan.info

乌托邦度假村（Utopia Resort）⚜

度假村所处的位置优劣势兼具：离大海约100米，地处湄哈湾和查洛克拉湾（Chalok Lam Bay）之间使得

家庭关系

泰国教育的核心是教育孩子尊重父母。这就要求年轻的泰国人不仅仅只是摆出尊敬的姿态，当父母在年老没有收入时，孩子们要将赡养父母视为理所应当的义务。在一个缺乏一般政府养老保险的国家，家庭关系有着巨大的意义。在泰国，婚姻破裂的事件也经常发生，但是在养育孩子长大成人后，父母可以在年老时得到他们的照顾，而且不仅是经济上的照顾。大家族在泰国依然很普遍，大多数泰国人一辈子都与父母住在一起。

帕岸岛西部和北海岸

水下自然之旅：在湄哈湾浮潜，您可以看到美丽的暗礁

这里风景如画，但如果您要去海滩，则需要坐5分钟的车（免费）。度假村提供大小不同和配备不同设施的房间（每一间都配备空调、电视、小吧台，有些还带有按摩浴缸和阳台）。即使您不住在这里，也可以好好享受 <mark>当地精选▶酒店的美景</mark>。有34间客房。¥ ¥¥ 0 77 37 70 34 @ www.phanganutopia.com

<mark>当地精选▶王赛度假酒店</mark>（Wang Sai Resort）

如果您足够幸运，也许能住上位于沙滩的新别墅，但是即使您住在后排的老房子，也能收获不错的体验，就像很多常客所证明的那样。有10间客房。🏠 湄哈海滩（Hat Mae Hat） ¥ ¥~¥¥ 0 77 37 42 38 wangsaikoma@live.com

查洛克拉湾

（Chalok Lam Bay）（折页E1）在棕榈树环绕的海滩中央有一片渔场，名为查洛克拉（距离通沙拉11千米）。

这里居住着约1 000位居民，是岛上第二大居民区，尽管如此，这里只是一个有两条街道的小村。约有一半度假村都坐落于此，尽管大多数游客不会再住在这里了，但查洛克拉湾还是成了去往瓶子海滩路上的逗留地（乘长尾船约15分钟）。

景点

观音庙（Kuan Yin Temple）★

这座中式寺庙有着白色的墙和耀眼的橙红色的瓦，红色的立柱上装饰

苏梅岛　帕岸岛

在泰国的小岛上，您也能看到中国式的观音庙

有三角楣饰和五颜六色的龙浮雕。神圣的观音，是不论道教还是佛教都非常景仰的神。观音庙位于查洛克拉南3千米通往通沙拉的路上，这里环境安静，海景引人入胜。

美食

乡村街道上或海滩边一些简单的当地小饭馆供应经典的泰国菜。意大利厨房（Cucina Italiana 🏠 港口路 🕘 每周四和周日的比萨日，从19:00开始 ¥ ¥¥）供应 ▶岛上最美味的比萨。

购物

在查洛克拉，您可以在一些小商店和7-11便利店购置物品。

户外运动

在查洛克拉约300米的主干道上，来自德国汉堡的汤姆（Tom）和他的妻子乔登（Jo den）共同经营了●第一弓箭俱乐部（First Bow & Arrow Club 🕘 9:00—18:00 ¥ 每小时500泰铢）。在这里，您不仅可以练习射箭，还可以在封闭的水箱里通过浓缩的盐水体验失重并在这一过程中练习冥想。¥ 每45分钟800泰铢 📞 0 77 37 43 15 @ www.firstbow.info

尾波滑水是一项混合了滑水、冲浪和跳跃的混合运动。体验唤醒滑板（Wake Up Wakeboarding 📞 08 72 83 67 55 @ www.wakeupwakeboarding.com）的15分钟项目需1 200泰铢。结束冲浪后，晚上您可以去唤醒酒吧（Bar Wake Up）。

住宿

马里布海滩度假村（Malibu beach bungalows）

这座建于静谧之地的别墅带有泳

帕岸岛西部和北海岸

池，周围是一片绿荫。洁白的沙滩与村庄旁的海滩相连，走过一座小桥就可以到达。这里不只是一个享用早餐的好地方！有32间客房。🏠 65/1 Moo 7 ¥ ¥¥ ☎ 0 77 37 40 57 @ www.malibubeachbungalows.com

当地精选 曼达莱酒店（Mandalai）

这家精品酒店的别致设计源于码头的启发。华丽的房间带有液晶屏和DVD播放器，为您提供最舒适的服务，套间还带有按摩浴缸和小泳池。有12间客房。¥ ¥¥~¥¥¥ ☎ 0 77 37 43 16 @ www.mandalaihotel.com

瓶子海滩

（Hat Khuat）（折页 F1）

★ "Khuat"意为"瓶子"，因此这片被棕榈树包围的海滩被称为瓶子海滩。

在海角岩石和绿色丘陵的两侧分布着4个度假村，这些度假村为那些不为派对而来的游客提供住处。

户外运动

在海滩上有皮划艇可供出租。在下午稍晚的时候，每个度假村的客人都喜欢聚在一起玩沙滩排球。

住宿

在11月和12月的雨季时节，度假村可能会关闭。大浪使乘船航行几乎无法实现。从通奈潘通往瓶子海滩的小路甚至连全轮驱动车都难以通过。

当地精选 波特尔海滩度假酒店（Bottle Beach 1 Resort）

第一批的3座波特尔海滩度假酒店别墅现在已焕然一新。尽管别墅的装修还是很简单，但是大部分房间已经配备了空调。只需要原先一半的价格，您就可以订到带空调或电扇的房间。有25间客房。¥~¥¥ ☎ 0 77 44 51 51 @ www.bottlebeach1resort.com

瓶子海滩度假村（Hat Khuad Resort）

别墅里都配备电扇，在酒店大楼里还有15个精美的房间配备空调、小吧台、电视和DVD播放器。有27间客房。¥ ¥¥ ☎ 0 77 44 51 27 @ www.haadkhuadresort.com

省钱有道

当您在旅行社询问租用带司机的汽车时，他们常常会帮您联系个体出租车公司并且收取佣金。直接联系司机会便宜一些。您还可以在酒店前台咨询或者直接找通沙拉码头附近的司机。

您希望自己住的别墅带电扇和淋浴，并且就在海滩边，价格还不超过500泰铢吗？那么您可以选择湄哈海滩美景度假村（Mae Haad Beach View Resort，有25间客房 🏠 湄哈湾 ☎ 08 78 96 44 24 @ maehaadview@yahoo.com）。

瓶子海滩二号度假村（Resort Bottle Beach 2，有38间客房 🏠 瓶子海滩 ☎ 0 77 44 51 56 ¥ 400泰铢起）提供嬉皮士时代风格的住处。

独特体验之旅

❶ 苏梅岛、帕岸岛最美之旅

起点：❶ 查汶海滩
终点：❶ 查汶海滩

路程： 147千米

2天
乘车时间
7小时

费　用： 每人约人民币750元，包含交通、住宿、用餐、门票、按摩等费用。

携带物品： 洗浴用品、浮潜设备、护照（必须能作为担保上交）。

注意事项： ❶ 查汶海滩：早上要乘坐的出租车，建议提前一天在您住的酒店前台预订好（交通费约2 000泰铢）。
⓭ 林海滩：在满月派对期间必须提前预订住宿。

> 地球的每个角落都有其美丽之处。如果你想发现每个地区的独特魅力，如果你想找到值得驻足观赏的景物、震撼人心的去处、美味的餐厅……那么这份定制的深度游攻略再合适不过了。

体验苏梅岛和帕岸岛的多样性——暂时远离海边，参拜高僧肉身像；穿过雨林，一起参加传说中的海滩派对。

早晨从 ❶ 查汶海滩→P.47开始，您可以在主干道上众多的饭店中选择一家，用美味的泰式米粥开启新的一天。然后，坐上出租车沿着查汶曲折的小路前行，沿途可以欣赏到东海岸的壮丽景色。

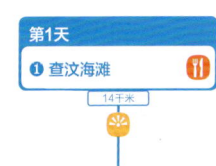

第1天
❶ 查汶海滩
14千米

上图：查汶的街道

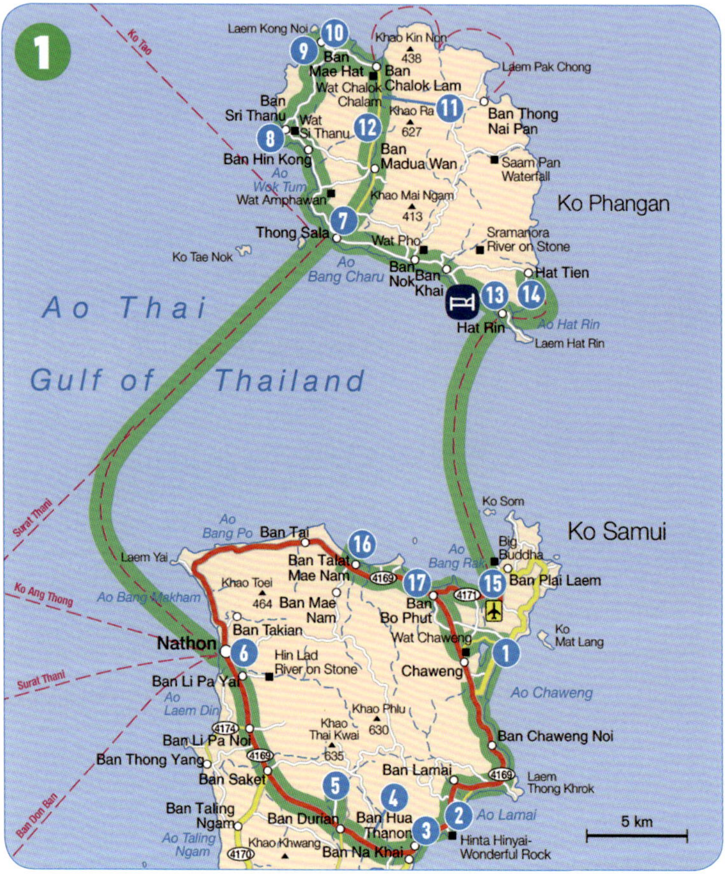

❷ 祖父石和祖母石

3千米

❸ 华路

3千米

❹ 越信庙

2.5千米

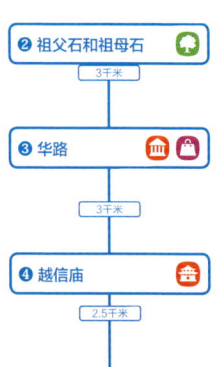

在拉迈海滩→P.53后面，等待您的是❷祖父石和祖母石→P.53。紧接着，可以看到水面上漂浮的艺术品：在渔村❸华路→P.56，有渔夫们画得五颜六色的船。每天早晨他们都会在市场上卖自己的渔猎所得。您还可以在海滩之间漫步，看看还能从大海里收获到什么。

继续沿内岛环路行进3千米左右，在您的左手边就是❹越信庙→P.57，您可以在这里参拜1973年圆寂的高僧Loung Pordaeng，像当地泰国人一样在手腕上系上幸运丝带，丝带会将好运带给您。从热带

独特体验之旅

雨林起向右继续行驶1千米左右便可到达❺纳蒙瀑布2号→P.57，水从80米高处冲下，您可以在这片天然的泳池沐浴。

回到环路，接下来去往❻纳吞→P.65。您可以看看安通路（Angthong Road）上老旧的木房子，尝尝餐厅角落→P.66的芒果糯米饭，但是注意不要错过去帕岸岛的船！在11:15时会有L公司的船停在纳吞的码头，只需支付300泰铢就可以在30分钟内抵达帕岸岛——苏梅岛的姐妹岛。

在帕岸岛的行政中心❼通沙拉→P.68租一辆轻型摩托车，您就可以穿梭在西海岸的绿色雨林间，从一个海湾到另一个海湾。❽柴老海滩→P.82上海之花简易别墅→P.82的饭店供应好吃的泰国菜和地中海菜，在海滩边可以享受按摩。沿海街道直通萨拉德海滩，在那里右至山上，行驶几千米，在大象营地的后面左转，到达❾湄哈湾→P.84。在退潮时，游客可以漫步到❿麻岛→P.84。这片海湾还是该区域最好的浮潜之地！穿过当地特色一条运河便可以到达前方的礁石边缘，这条运河穿过潜水中心前面的海滩，在珊瑚之间流淌。

乘车回到通沙拉会经过一个渔村——查洛克拉→P.85。当您走到通往湄哈的街道十字路口时，向左转弯，在居民区出口可以休息一下，去⓫第一弓箭俱乐部→P.86练习射箭。距离风景优美的村庄和海湾约2千米处有中国式寺庙⓬观音庙→P.85，这里是供奉观音的地方。从观音庙出来可以重新回到岛的行政中心，在20分钟内可以重新回到出发时的街道上。

现在让我们把租来的摩托车还回去，坐上一辆出租车到岛的南部看一看。没有⓭林海滩→P.73的帕岸岛如同没有埃菲尔铁塔的巴黎。因此即使不在满月时分，林海滩也总是备受关注。

第二天早晨，在海滩边爬上一条长尾船，绕道去附近的⓮元海滩（Hat Yuan）（开车15分钟）来

苏梅岛　帕岸岛

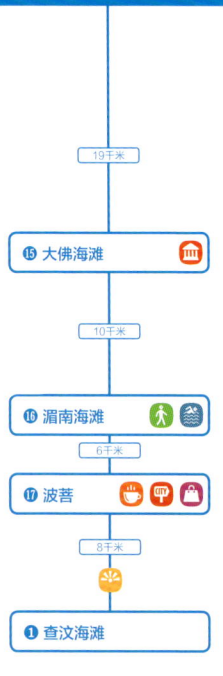

一场旅行吧。从元海滩步行不到10分钟就能到圣所度假村→P.77，夜晚派对的疲惫可通过 当地锦囊 晨间瑜伽 来消减（🕙 10:30 ¥ 350泰铢），但是您需要准时返程：12:30在林海滩的日落海滩（Sunset Beach）有去往苏梅岛的船。

船会在45分钟内带您去往 ⑮ 大佛海滩→P.41。这个海滩的名称来源于山丘上以威严的姿态凝视着人们的大佛，您可以怀着虔诚之心和尊敬之情点上香，走向这尊大佛。

下一阶段的路程让我们交给出租车。北海岸线是游客尽情散步的区域，在6千米长的 ⑯ 湄南海滩→P.36 上，您可以舒展双腿，不用担心撞到别人的躺椅上，再一次享受海滨浴场。最后，不妨在 ⑰ 波菩→P.38 停下脚步：这里的渔人村→P.38值得一看。甜品咖啡馆、饭店和精品酒店在此一字排开，不妨坐在海星和咖啡→P.38的 当地锦囊 海边阳台，点上一杯卡布奇诺。回到 ❶ 查汶海滩依然只需要走很短的一段路。

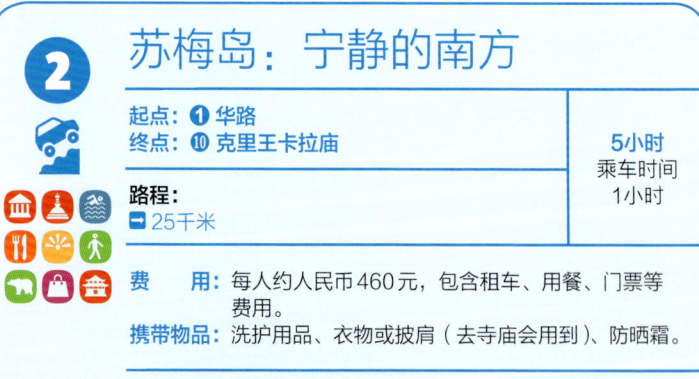

偏远的海滩，只有几个度假村和小村庄，在这里时间仿佛静止了。苏梅岛南部非常原生态，您不用急着赶路，可以尽情在这儿舒服地待上一整天。

独特体验之旅

09:30 旅程从拉迈海滩→P.53以南的渔村❶华路→P.56开始。在这里,如果渔夫没有出海打鱼,您会欣赏到穆斯林渔夫五颜六色的船。在村庄边缘,环岛路向右转弯后进入4170公路。再前行大约2千米后,在您的左手边便是❷班拉姆餐厅→P.59,您可在此品尝到可口的小吃:椰子鸡汤。向左转就来到了❸苏梅岛水族馆→P.58,这里有各个品种的鱼,或许您还能看到活生生的老虎,需要预留两小时游览。

12:00 饿了怎么办?沿着这条路往西南方向走,在有路标的路口左转,您就来到了沙萨度假酒店的顶级餐厅❹飞跃大海→P.60。这里供应澳洲红咖喱羊排和用罗勒或辣椒调制的苏梅岛龙虾。接着沿这条路走100米,经过卡马拉雅度假村→P.60之后,这条侧道将重新汇入4170公路,在泰勒村→P.61后的4173公路十字路口向左转,沿着海岸线径直走到海边的❺兰穆塔→P.61。在路口,您总是会决定去海边。这条风景如画的路甚至一路延伸至尽头的沙坡。兰穆塔黄色的建筑和蓝色的海水形成了鲜明的对比,构成了一幅完美的图画。在回程

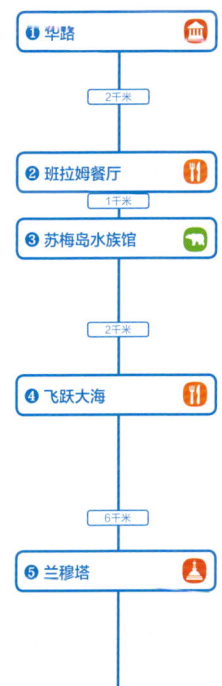

93

苏梅岛　帕岸岛

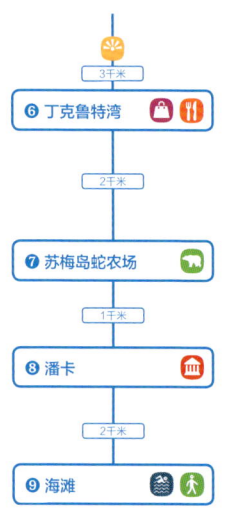

的路上，沿通向大海的方向行驶大约1千米后再次回到4170公路。在这里再次左转，行驶几千米后到达❻丁克鲁特湾→P.60，在这里，您会惊叹于纳加珠宝店→P.32里闪闪发光的珠宝。如果想要品尝小吃，可以去海滩上小小的乡村泰国饭店丹岛风光→P.61。

再走2千米之后会到达❼苏梅岛蛇农场→P.61，它就位于4170公路，在通往潘卡的路口。这里每小时都有表演，但是如果在这之间有到来的游客也会再加一次表演。在❽潘卡→P.61，您还可以看到老式的木房子。这里也有给富裕岛民住的现代别墅，住在这里可以感受与世隔绝的静谧。潘卡以南1千米是金达海滩别墅（Jinta Beach Bungalow）和椰子海滩中心度假酒店→P.62，这里有一个人烟稀少的❾海滩。在海里游泳或赤脚在沙滩上漫步吧！

兰穆塔海湾的标志性建筑——兰穆塔

独特体验之旅

16:30 潘卡同样位于旅游区,位于塔林甘→P.61以北3千米处。当您在这里沿着4170公路左转,通过大象雕塑的两侧入口进入村庄,行驶约1千米就能到达⑩克里王卡拉庙→P.63。这个寺庙本身并不十分突出,但是庙里安放了一位1976年圆寂高僧的肉身像,这具遗体很神奇,直到今天依旧保存完好。信徒用金箔装饰玻璃圣骨匣并供奉祭品。游客少的地方很有气氛,很适合在踏上归程前放松一下。

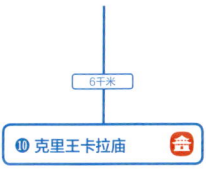

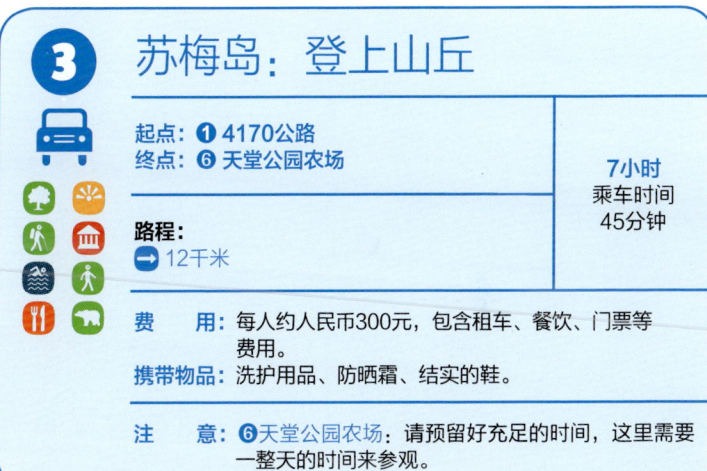

③ 苏梅岛:登上山丘

起点: ① 4170公路
终点: ⑥ 天堂公园农场

7小时
乘车时间 45分钟

路程: ➡ 12千米

费 用: 每人约人民币300元,包含租车、餐饮、门票等费用。
携带物品: 洗护用品、防晒霜、结实的鞋。

注 意: ⑥天堂公园农场:请预留好充足的时间,这里需要一整天的时间来参观。

在岛中心翠绿的雨林下掩藏着纵横交错的道路,道路通往旅游区的酒店、瀑布和佛像。在这里,您甚至可以摸一摸动物。

10:00 从岛屿南部华路→P.56以西3千米处的①4170公路出发。苏梅岛ATV公园的霓虹广告牌在您右侧,第一站到达②汪赛瀑布(Wang Sao Waterfall)。您可以在短途旅行后再去街边的停车场。水流倾泻下来,注入天然的泳池,您可以下水淋浴。它的兄弟瀑布——③考艾瀑布(Khao Yai Waterfall)更为壮观,同样可以进入沐浴。水流从50米高的地方冲下来,可以流淌1千米。

12:00 继续在主干道上开车不到5分钟,左转进入④巨人山顶饭店(Giant Summit Restaurant)(📞081

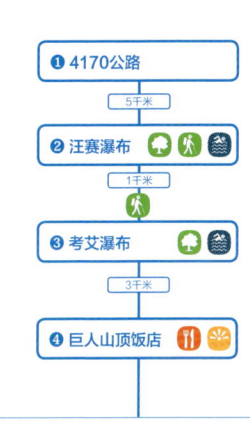

苏梅岛　帕岸岛

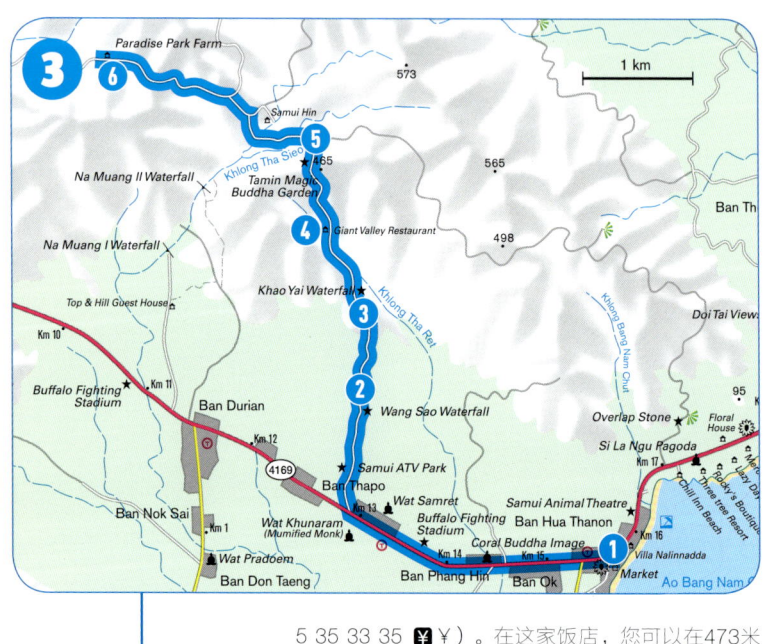

5 35 33 35 ¥¥)。在这家饭店,您可以在473米高的地方伴着舒适的温度欣赏壮观的绿色山景、南边的海岸线和不远处的小岛,坐在露台上喝一杯清凉的椰子奶昔或者一份香味浓郁的冬阴功鲜虾汤。在饭店后方继续前行,就到了 ❺★ ●泰明魔法佛园(Tamin Magic Buddha Garden)(🕘9:00—18:00 ¥门票80泰铢)。在一些地图和手册上它也被称为"秘密佛教花园",这一称呼要追溯到一个果农身上,他从1976年开始就有了在丛林中建造佛像和恶魔雕像的想法。这位果农早已去世,雕像也已风化,但是这些岩石丛林中的雕像并没有失去神奇的魔法。当您沿着清澈的小溪散步时,依旧可以看到这些雕像。

❺ 泰明魔法佛园

在这个公园后方不远处有一条向左转弯的山路,它会引领您来到这个岛的最高处——635米高的考艾。在路口向右行走一小段路后,便是❻天堂公园农场(Paradise Park Farm)(🕘9:00—18:00 ¥门票300泰铢),那里有更宽敞的行车道,即黄色分道

❻ 天堂公园农场

独特体验之旅

线出现的地方。丛林和溪涧环绕此处,到处郁郁葱葱、繁花似锦,一条小小的瀑布沿着岩石倾泻而下,还有许多可以抚摸和喂食的动物。这里有小马、孔雀、兔子、鸭子,甚至有会说两种语言(英语、泰语)的鹦鹉。这里有一家酒店,提供美食和饮料,还有一片很大的游泳池。在这里您可以很快地凉快下来,欣赏苏梅岛山腰的繁茂景色,然后在海边漫步。

17:00 从农场出发沿着弯曲而陡峭的路向下到达4170公路,在这里道路分叉,一条通往纳呑(向右),一条返回拉迈海滩或查汶(向左)。

在泰明魔法佛园与恶魔碰面

4 帕岸岛:一路向东

起点: ❶ 班泰
终点: ❽ 澎庙

1天
乘车时间
3小时

路程:
🚗 49千米

费　　用: 每人约人民币460元,包含出租车、乘船、餐饮、桑拿等费用。
携带物品: 洗浴用品、防晒霜、蒸桑拿用的大毛巾或浴袍。

注意事项: 您需要提前在您所住的酒店前台预订出租车(司机会说英语)。司机在第二天早晨会到您的住处接您,请提前将行程中所有细节告知司机。

帕岸岛东海岸的海湾大多遍布岩石,沙滩很少。岛上的海岸线中适合度假的部分不是很长,但是您可以找一个梦幻般的海滩好好放松一下,也可以在寺庙的桑拿房里出一身汗,时间一晃就过去了。

苏梅岛　帕岸岛

田园诗般的通奈潘诺海湾

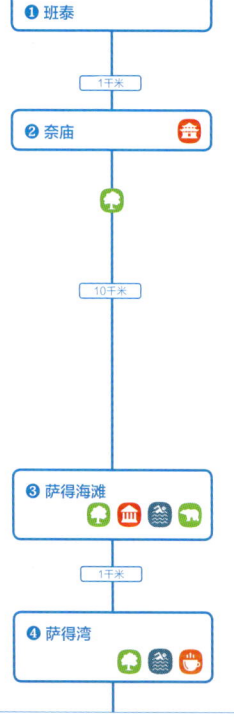

① 班泰

② 奈庙

③ 萨得海滩

④ 萨得湾

08:30 南海岸的 ❶班泰→P.71位于通沙拉→P.68和林海滩→P.73之间,道路一直向北通向通奈潘的海滩。在这个村庄后面,您可以停留一会儿,来参观一下这个小小的寺庙——❷奈庙→P.72。当您看到路标时,请左转,寺庙就建在一棵大树后面的几百米处,周围有一条向左的路。在重新回到往通奈潘方向的路上,有一个丛林蔓延的地带,仿佛为这条鲜有人至的路段建起了一排绿色的围墙。离通囊村(Dorf Thong Nang,只有几间小房子)约8千米处有一条标记着通向海滩的路,它通向指定的保护区。这个保护区于1983年设立并于1999扩大,这片区域日后将与其他森林区一起升级为国家公园。

这片过去不出名的丛林景观吸引了很多君主——这已是100多年前的事了。国王普密蓬喜欢在梦幻般的❸萨得海滩→P.76的溪涧之间散步。刻着国王铭文的石碑和小小的圣骨匣使人们回忆起他的到访。在去海边的路上,萨得瀑布→P.76穿过巨石倾泻而下,但是在这里不能游泳,您可以在清凉的水中沐浴。如果您在某处发现鳄鱼,请尽量保持冷静并迅速离开。通过瀑布的路约3千米,离跃水潭只有三步之遥。这条路一直延伸至❹萨得湾(Bay of

独特体验之旅

Sadet），这里的海滩风景宜人，有一些简易的别墅建筑，如麦朋莱简易别墅酒店→P.77，您可以在里面喝冰啤酒或品尝新鲜椰子汁。

12:00 回到主干道继续向北行驶，从 ❺ 通奈潘→P.78来到其两个海滩。周围群山环绕，金黄色的月牙令人赏心悦目，湛蓝的海水让人不禁想下水一游。位于通奈潘伊→P.78的海豚别墅→P.79的 当地锦囊▶海滩酒吧和海滩亭是一处让人尽情放松的地方，长尾海滩度假村→P.79的厨房长年开放。在小村庄通奈潘闲逛也令人心情愉悦。

现在来一次乘船旅行如何？在海滩边租一只长尾船。请您的出租车司机协助您在查洛克拉约好和船夫碰面的时间。您的司机会在您航海旅行时耐心地等您。 趟船运大概需要40分钟，您可以要求中途在棕榈滩（Palm Beach）的 ❻ 瓶子海滩→P.87停留并在 ❼ 查洛克拉湾→P.85游一圈，然后再让司机开车经过通沙拉→P.68来到班泰→P.71。

16:00 在 ❽ 澎庙→P.72下车，在这座寺庙里僧侣会为您提供草本桑拿，一直到18:00，尽情享受这温暖舒适的芳香桑拿，放松自己吧！

户外活动

来岛游客一定会期待在泰国湾进行多种水上运动。不过在陆地上，您也可以尽情运动。

高尔夫

苏梅岛不是像普吉岛一样的热门高尔夫球目的地，但若您是一名新手，依然可以在这片漂亮的场地上练习。波普特山高尔夫俱乐部（Bophut Hills Golf Club @ www.bophuthillsgolf.com）共有9个球洞，位于波菩后面的山脚，场地费需1 700泰铢。桑迪布瑞乡村俱乐部（Samui Santiburi Country Club @ www.santiburi.com）隶属于同名度假村，位于湄南海滩后的丘陵。这里不仅有18个球洞，还能看到海岸线壮观的风景。场地费对于酒店客人是3 000泰铢，非酒店客人4 000泰铢，另加750泰铢交通费和350泰铢球童的费用。在拉迈海滩的皇家苏梅岛高尔夫俱乐部（Royal Samui Golf Club @ www.rsgcc.co.th），您可以花费650泰铢打9洞高尔夫。苏梅岛高尔夫假日酒店（Samui Golf Holidays @ www.samuigolf.net）提供整套球具，包含接送服务。

上图：安通国家海洋公园

体验水上和水下的冒险之旅，之后再用水疗护理来放松身心。

划船

有一项特别好的娱乐活动——在独木舟上欣赏安通国家海洋公园原生态的海滩、洞穴和悬崖。每个旅行社都在宣传桨板项目。著名旅游公司蓝星（Blue Stars ¥ 一日游2 500泰铢 @ www.bluestars.info）和同样价位的萨芙莉岛（Island Safari）都提供通过环岛的白水之旅（White Water Trip）。

风筝冲浪

在苏梅岛上，有很多冲浪爱好者对风筝冲浪的课程很感兴趣。3小时的入门课程花费大约4 000泰铢。在湄南海滩，有苏梅岛风筝冲浪（Koh Samui Kiteboarding @ www.kohsamuikiteboarding.com）。在苏梅岛西南部的苏梅岛兰花度假村（Ko Samui im Samui Orchid Resort 🏠 水族

苏梅岛　帕岸岛

馆旁）有亚洲风筝冲浪（Kiteboarding Asia）的分部。5月至10月期间，苏梅岛西南部受季风影响，正合适冲浪，风筝冲浪爱好者聚集在苏梅岛首府纳吞，在海景大酒店（Grand Seaview Resotel）前相互交流经验。在帕岸岛还有One2Kite（@ www.one2kite.com），是班泰的水上运动中心，除了教授风筝冲浪，还有风帆冲浪，一天课程需要4 000泰铢。

自行车

为什么不骑自行车来探索这个岛呢？您会惊奇地发现除了海滩和常规旅游路线，这里还有椰子树果园和橡胶林。因为道路交通状况欠佳，最好找一位向导。苏梅轻松游（Easy Day Sumui @ www.easydaysamui.com/de/）设有一日游（¥4 500泰铢）和半日游（¥2 500泰铢）。

浮潜

苏梅岛最美的潜水地是珊瑚湾、纳开湾（Na Khai Bay）和通子湾。最美的珊瑚礁在丹岛前方。TK旅游（TK Tour @ www.tktoursamui.com/kayaking-snorkelling-trip.php）有一整天的划艇潜水之旅（¥1 500泰铢）。在帕岸岛，您可以在长滩、湄哈海滩前的麻岛和提恩海湾的珊瑚中潜水。观察珊瑚礁和小鱼的最佳位置在安通国家海洋公园和龟岛，那里还会提供潜水郊游。很多潜水商店会给潜水者一定的优惠。

帆船

苏梅岛并不像普吉岛一样，是帆船乐园，但是您仍可以租一艘船，开启一日或者多日的落日巡航。如果您想租双体船（包括船长和一名船员），在安通国家海洋公园进行一次两天一夜的私人之旅（有6个床位），需要花费60 000泰铢。您也可以花更少的钱出去走走：去 当地推荐▶ 落日巡游，您可以在私人帆船网站（@ www.private-yacht.com）花6 500泰铢（双人）订到帆船"思慕雪"（Smoothie）。想要了解更多的帆船出租信息，可以在暹罗帆船（Siam Sail @ www.siam-sail.com）和苏梅海洋运动（Samui Ocean Sports @ www.sailing-in-samui.com）中找到。

站立式滑水

有经验的站立式滑水者可以让他们的滑板贴着水面前进，而且掌握滑板技巧对大多数人而言并不是很难。如果您想要尝试这个易学的潮流运动，可以联系iSUP Samui（@ www.isupsamui.com）。按照风浪情况，您可以在大佛海滩或曾蒙海滩（Choeng Mon Beach）的海面上起航。一节半小时的私教课收费1 500泰铢，半日游收费约1 750~2 500泰铢。在帕岸岛西海岸的Phangan SUP（@ www.phangansup.com）提供类似价格的行程。如果您只是想租滑板，收费只要每小时250泰铢。

潜水

苏梅岛和帕岸岛附近并没有什

户外活动

么著名的潜水点,因此几乎所有的潜水游客都会去安通国家海洋公园以及泰国湾最好的地区——★龟岛(三次潜水和一晚住宿约人民币1 100元)潜水。龟岛是卓越的潜水岛,几乎所有潜水商店在这里都有分店。风扇珊瑚、海葵、鲸鱼、鲨鱼和石斑鱼,都在这片水域里自由自在地生活。

如果您没有或者只有极少的与氧气瓶打交道的经验,请去潜水学校:在苏梅岛上有德国的卡利普索潜水学校(Calypso Diving @ www.calypso-diving.com)、轻松潜水学校(Easy Divers @ www.thaidive.com)和苏梅岛国际潜水学校(@ www.planet-scuba.net)等。在龟岛上,您一定要试试大蓝潜水(Big Blue Diving @ www.bigbluediving.com),而在帕岸岛上则建议您去帕岸潜水员学校(Phangan Divers @ www.phangandivers.com)和查诺兰潜水(Chaloklum Diving @ www.chaloklum-diving.com)。

健康

苏梅岛提供各种水疗和保健服务选择:阿育吠陀疗法、灵气疗法、瑜伽、按摩或传统草药桑拿浴,让您在天堂岛屿上舒缓放松。在许多度假村里陈列着免费的《苏梅岛水疗指南》(*Samui Spa Guide* @ www.siammap.com),指南中列出了评价高的水疗供应商。

风帆冲浪

海滩旁的私人出租店和大型度假村都会提供冲浪板出租服务。从11月到次年2月,东北风吹动着北海岸(湄南、波菩)和东海岸(查汶、拉迈)的冲浪者。在北半球的夏季,西海岸的风强劲地吹动着风帆。

潜水者的乐园:珊瑚环绕小岛的"童话世界"

带着孩子旅行

孩子在泰国非常受欢迎,在任何地方都会受到热情对待。泰国的梦幻岛屿特别适合与孩子一起度假,在这里全家人都会感觉很舒服。

孩子们的到来点燃了泰国人的母性情怀:他们会高兴地从来旅游的父母怀里接过小孩,然后抱一抱。在大多数餐馆里,小孩子都可以随心所欲地爬来爬去,也不会有人来阻挠。这里提供了许多令人兴奋的事物:梦幻的海滩、各种颜色和形状的贝壳、特色鲜明的动植物等,这些新的东西拓宽了孩子的视野。大自然将苏梅岛造就成为沐浴之岛,成为儿童的理想选择。苏梅岛上的主要海滩都被细沙覆盖,不存在可能会伤到小孩的石头或珊瑚。另外,岸边的水通常和儿童戏水池的水一样浅。而且,苏梅岛的海滩还有一个很大的优势:很多度假胜地直接坐落在海滩边,那么要去这些"大型沙箱"时就不需要绕路了。

如果孩子们只在沙滩上玩耍会感到无聊的话,也可以参加另外一些活动,从中获得乐趣。但是这些活动只有苏梅岛上有,帕岸岛上几乎没有儿童娱乐设施。

您也能在苏梅岛许多商店购买现成婴儿食品和纸尿裤,不过在帕岸岛上的供应就相对有限了。您可以放心地把您的婴儿车留在家中,因为带上一个儿童背带就够了。

可可水上乐园(Coco Splash Waterpark)(折页F12)

苏梅岛的第一个水上乐园位于拉迈。这里的儿童和成人游客熙熙攘攘:人们从色彩鲜艳的巨型滑梯上滑到游泳池中,小朋友在戏水池中玩耍,感受着夏日的清凉。人们还可以在大型按摩浴缸中享受"泡泡乐"。🏠 拉迈海滩,环路的分岔路,拉迈海滩路(Hat Lamai Rd.)的入口处,然后在第二个路口右转(沿路标)🕙 10:30—17:30 ¥ 日票600泰铢 @ www.samuiwaterpark.com

足球高尔夫(Football Golf)(折页H8)

这个非传统高尔夫球的想法来自利物浦的汤姆·鲁滨孙(Tom

> 无数玩水、挖沙和探索的机会使孩子们在苏梅岛的旅程充满欢乐。

Robinson），他将一颗足球逐次踢到18个洞的洞口——没有球棒，规则是用脚踢球。这给大小球类爱好者带来了莫大的乐趣！🏠 曾蒙海滩，苏梅岛帝国船屋海滩度假村（Resort Imperial Boathouse）前的主干道上，往查汶方向 🕐 9:00—18:30 💰 门票750泰铢，儿童票300泰铢 @ www.samuifootballgolf.com

"斯基比王国"儿童区（Kids Zone "Skippy Land"）（折页H8）

想要把孩子放到一个不会打扰自己的地方吗？没问题。这是给小探险家们布置的一个五彩缤纷的童话王国。这里有滑冰场、秋千、投币游戏机、卡拉OK等，您可以有短暂的喘息时间。🏠 乐购莲花超市，查汶 🕐 10:00—22:00 💰 每小时120泰铢

迷你高尔夫球场和疯狂高尔夫（Mini Golf Anlage Crazy Golf）

年轻人和年长的人都能从这个迷你高尔夫球场中得到快乐，这里完全符合它的名字。🏠 查汶海滩，海滨路 🕐 11:00—24:00 💰 门票200泰铢，11~18岁儿童120泰铢

当地精选 迷你高尔夫球场海景酒店（Minigolf Anlage Sea View）☀（折页G7）

艾拉亚布里度假村（Minigolfanlage des Resorts Arayaburi）的迷你高尔夫球场（@ www.arayaburi.com）位于苏梅岛东部，在这里，顾客不仅可以在酒店的18洞球场挥舞球杆，还可以以极佳的视角欣赏大海。🏠 三荣湾（Samrong Bay）🕐 8:00—19:00 💰 门票成人100泰铢，儿童50泰铢

每月节庆与活动

宗教节日的日期根据泰历来计算,因此每年的公历日期会不同,但是每年的世俗节日也偶尔会重定日期。

在节日里,政府和银行都会关门,但是电力部门仍会工作。

节日

每个月

★●**满月派对**:在帕岸岛林海滩,每月的满月派对是一件引人关注的事,数千名狂欢者在海滩上跳舞直到天亮。@ www.fullmoonparty-phangan.org,www.fullmoonparty-thailand.com,www.fullmoon.phangan.info

当地搜索 **黑月派对**(Black Moon Party):比满月派对人数稍少一些,但是更疯狂。班泰海滩 @ www.blackmoonparty-kohphangan.com

半月派对(Half Moon Party):人们在丛林里伴着迷幻的灯光尽情跳舞,派对在班泰海滩后面的树林里一条通往通奈潘的路上。派对一般在满月派对前一周或后一周举行。@ www.halfmoonfestival.com

1月/2月

中国新年:华人会燃放烟花欢庆新年的到来。由于苏梅岛的很多居民是中国移民的后裔,所以他们遵循古老的传统,在新年到来之前会彻底打扫家里,人们还会在屋子前建起华丽的神灶并烧香祈祷。

2月

万佛节(Makha Pucha):这个节日是为了纪念佛祖向1250名自发前来集会的罗汉宣传教义而设立的。这一天,信徒们宣读佛教的教义并在黑暗中手持蜡烛、鲜花环绕三周。

4月

★**泼水节**(Songkran):没有一个节日能像泼水节(4月13—15日)一样让人如此兴奋。首先要清洗佛像,僧侣用树枝蘸法水洒向人们,孩子们把水倒在父母的手腕上。在这些严肃的开场后,人们大喊"水!冲

啊！",用喷枪、杯子、桶将水泼向他人。走在路上的人,没一会儿身上就都湿了。

5月

为了纪念佛祖的诞生,在5月的满月之夜举行灯火游行,庆祝卫塞节（Visakha Pucha）。

10月

供僧衣节（Thot Kathin）：10月的满月日意味着斋期的结束,泰国人会去家乡的寺庙拜访,给僧侣送供品,如礼袍或装满日常用品的礼品篮。

11月

水灯节（Loi Kratong）：一个为浪漫主义者准备的节日,小篮子（水灯）里装上点燃的蜡烛放入水中。有时会放在查汶的水池、河流或海洋中,只要水面是平静的。一些酒店也会在游泳池周围庆祝水灯节。在迷你船上的海之女神很受人尊敬。

节庆日

1月1日	新年
2月满月	万佛节
4月6日	却克里节（却克里王朝的建立日）
4月13—15日	宋干节（俗称"泼水节"）
5月1日	劳动节
5月满月	卫塞节
6月满月	三宝佛节（Asaha Pucha,佛祖的第一次讲道）
三宝佛节后二天	守夏节（Khaopansa,斋期的开始）
7月28日	现任国王玛哈·哇集拉隆功（拉玛十世）的生日
8月12日	王太后诗丽吉（Sirikit）的生日
10月13日	前任国王普密蓬·阿杜德（拉玛九世）逝世
10月23日	朱拉隆功日（开明国王拉玛五世的逝世日）
12月5日	拉玛九世的生日
12月10日	宪法日
12月31日	除夕

旅行随时查

网页／博客

www.fullmoonparty-phangan.org 让我们来看看满月派对和其他庆祝活动上都发生了什么？每张照片都洋溢着派对的气氛。

www.siammap.com 在此页面上，您可以找到杂志《苏梅岛假日》的在线版本，上面推荐了最好的温泉和餐馆。

haadyao.info/blog/ 在这里可以找到帕岸岛的热门海滩——长滩的最新信息。

short.travel/ksm1 这个论坛的用户都是居住在苏梅岛的外国人，关于苏梅岛的一切疑问在这里都能得到解答。

short.travel/ksm3 超过5万个粉丝的Facebook主页，上面都是有趣而有用的苏梅岛问答。

无论是准备出行还是已到达，这些网址和信息都能够为您的旅行提供帮助。

short.travel/ksm13 泰拳很受欢迎，来看看这段视频，您能在苏梅岛的这间练功房里练习到什么程度？

short.travel/ksm2 苏梅岛宁静时和热闹时的照片。当然也少不了帕岸岛的满月派对。

视频／音乐

Amazing Thailand App 一款由国家旅游局设计制作的适用于所有智能手机的应用软件：覆盖全国，还提供许多有关苏梅岛和帕岸岛的信息。

Ko Samui Travel Map 这是iOS用户能找到的最好的地图，可以通过GPS来定位您在岛上的位置。

Koh Phangan – iLandGuide 通过此安卓应用程序，您可以找到滑道、海滩、餐厅、度假村和时尚派对等的位置。

Ko Samui Manual 一款适用于安卓系统的应用程序：提供有关酒店、餐馆和景点的信息，还提供各种语言助手和电话号码信息。

Apps

出版社不对以上提到的网址的内容负责。

实用信息

到达

✈ 前往苏梅岛需要在曼谷转机。只有素万那普国际机场（Suvarnabhumi Airport @ www.suvarnabhumiairport.com）的曼谷航空（@ www.bangkokair.com）和泰国航空（@ www.thaiairways.com）提供前往苏梅岛的航班（@ www.samuiairportonline.com）。根据季节，曼谷航空每天最多提供20班次的飞机，而泰国航空每天提供2次前往苏梅岛的飞机。机票价格波动很大：曼谷航空最便宜且可以提前很久订到4 190泰铢的"Web Delight"，而泰国航空则有5 435泰铢的"Economy Full Flex"。如果您预订了从国内前往苏梅岛的联程航班，航空公司将会把您的行李直接寄往苏梅岛。但为了安全起见，请在登机时询问具体信息。由于座位紧张，您应该尽早预订（特别是在年末）。

绿色出行

旅行时，您也可以改变世界，比如时刻提醒自己在旅程中尽量选择较少二氧化碳排放的交通方式，学习如何以环保的方式规划您的路线。同时也要注意，尽量保护旅行国家的自然和文化。作为游客，保护自然环境、保护区域特色、减少自驾、节约用水等保护生态环境的举措是非常重要的，请务必多加关注。

🚢 比从曼谷直飞苏梅岛更便宜的是从首都到素叻他尼府的航班，您可以从素叻他尼府坐2个小时渡轮到达岛上（您可以在素叻他尼府机场购买船票）。前往素叻他尼府，则可以从素万那普国际机场乘坐泰国航空。亚洲航空公司（@ www.airasia.com）和廉价航空皇雀航空（Nok Air @ www.nokair.com）则是从曼谷第二大也是更老的廊曼机场（Don Muang @ www.donmuangairportonline.com）出发。亚洲航空公司的机票最便宜，只需要大约990泰铢。而乘坐大巴和火车则比这个便宜一半甚至更多，总共需要10—12小时（但价格越低就越不舒适）。曼谷的每家旅行社都提供前往苏梅岛或帕岸岛的巴士和渡轮车船票，价格大约是人民币190~300元。从素叻他尼府到当萨（Donsak）的巴士渡轮将乘客和巴士一起载在货轮上送往苏梅岛，票价是每人人民币30元左右。如果您有点晕船，那乘坐汽车渡轮是最好的选择，例如拉贾码头（Raja Ferry）的渡轮（@ www.rajaferryport.com）。另一条线路是先到曼谷，再到春蓬，在那儿坐渡轮途经龟岛和帕岸岛抵达苏梅岛。L公司提供这样的从曼谷到苏梅岛的线路，乘坐巴士和高速渡轮大约需要14—15小时（1 450泰铢），傍晚从曼谷出发。

问询中心

这两个岛的相关信息都可以在网上找到。有关苏梅岛的：@ www.

从开始到结束：旅行中不可或缺的信息。

kosamui.com，www.kohsamui.org；有关帕岸岛的：@ www.phangan.info，www.kohphangan.com，www.kohphangan.net，www.phangannavigator.com.

泰国旅游局总部

🏠 1600 New Phetchaburi Road, Makkasan, Ratchathewi, Bangkok 10400, Thailand 📞 +66 02 250 5500 @ www.tourismthailand.org ✉ center@tat.or.th

在素万那普国际机场乘客到达楼层也设有泰国旅游局的办事处。📞 国内电话：(66) 2134 0040，国际电话：(66) 2134 0041

泰国旅游局驻中国办事处

泰国旅游局在北京、上海、成都、广州、昆明均设有办事处。

北京办事处：🏠 北京市东长安街东方广场E1办公楼902室 📞 010-8518 3526-29 ✉ tatbjs@tat.or.th; tatbjs@tatbjs.org.cn

上海办事处：🏠 上海市黄浦区南京西路288号创兴金融中心2703室 📞 021-3366 3409 ✉ info@tatinchina.com

广州办事处：🏠 广州市越秀区环市东路368号花园酒店M07 📞 020-83651823 ✉ tatguangzhou@tat.or.th

成都办事处：🏠 四川省成都市人民南路2段1号仁恒置地广场写字楼1404室 📞 028-6465 6299 ✉ tatchengdu.info@tat.or.th

昆明办事处：🏠 云南省昆明市三市街6号柏联广场写字楼1301室 📞 0871-6317 8840 ✉ tatkunming1301@hotmail.com

银行/信用卡

苏梅岛的所有银行均可以以美元、欧元兑换旅行支票（🕐 周一至周五8:30—15:00，兑换柜台每天一般营业至22:00）。许多商家会在您用信用卡付款时加收附加费（虽然这是不合规的！），您也可以用信用卡取现（取现需要护照！）。在自动取款机上取款更容易，所有主流银行都接受Visa卡，可以使用银联卡的自动取款机也很多。关于取现：所有泰国银行对每笔交易都收取50泰铢的费用。使用信用卡前请先阅读合同中的细则：许多银行对于外币付款是要收取额外费用的。倘若信用卡遗失，应立即在开户国挂失，因此您应该准备好您信用卡所在银行的联系方式。

外事机构

中国驻泰国大使馆

🏠 57 Ratchadaphisek Road, Bangkok 10400, Thailand 📞 0066-2-2450088 ✉ chinaemb_th@mfa.gov.cn

中国驻孔敬总领事馆

🏠 142/44 Moo 2, Rob Buong Rd., Nai-Muang, Muang, Khon

苏梅岛　帕岸岛

Kaen, Thailand 40000 ☎（043）226873,（043）001763（签证咨询）

中国驻宋卡总领事馆

🏠 泰国宋卡府沙岛路9号 ☎ 6674-322034, 6674-325045

中国驻清迈总领事馆

🏠 111 Changloh Road, Haiya District, Chiang Mai, Thailand 50100 ☎ 66-5328-0380

入境

中国公民从国内或第三国到达泰国时可以办理落地签证，需要提供一张照片及1 000泰铢现金手续费，以及确认在15天内离境的机票，落地签证可在泰国停留15天。还可以在网上提交申请电子签证，有效期为90天，在泰可停留期为30天。在泰国观光旅游期间，随时要接受移民局的检查，如超过签证期限，每多留一天则会被罚款100泰铢。如游客申请延期签证，可到大使馆办理，手续费为500泰铢。

岛间渡轮

苏梅岛和帕岸岛的主要城镇通沙拉之间有许多渡轮来回穿梭。最快的是L公司（@ www.lomprayah.com）从湄南海滩码头出发的高速双体船（⏱ 20分钟 ¥ 300泰铢）。从帕岸岛到龟岛坐快速渡轮需要75分钟（¥ 300泰铢），也有林海滩皇后公司（Hat Rin Queen）的小型渡轮从苏梅岛大佛海滩出发，直接前往帕岸岛的林海滩。船票可以在码头或者旅行社购买。摩托艇也可以将您从北海岸的任何一个主要海滩带到帕岸岛。在满月派对时，所有船只都将用来负责岛屿间的运输。

摄影

在拍摄他人之前，您应该礼貌地征求许可。当您想拍摄泰国穆斯林时更应该这样。相机的附件（如电池、SD卡）可以在当地购买，一些照相馆可以打印您储存在相机里的照片。

健康

登岛不需要接种特殊的疫苗。两个岛屿都没有疟疾，但登革热的风险不容低估。因此请做好防蚊措施，如穿着能盖住皮肤的衣物，常备驱蚊剂等。

您可以用自来水刷牙，但以防万一请不要喝生水。而不能吃沙拉和冰激凌的传言可以说是过度夸张了，游客集中区的食物卫生标准总体上很好，不过偶尔也会导致胃痛。苏梅岛最好的医院是位于查汶环路上的曼谷苏梅岛医院（Bangkok Hospital Samui ☎ 0 77 42 95 00 @ www.bangkokhospitalsamui.com），它属于著名的曼谷医院集团（Bangkok Hospital Group @ www.bangkokhospital.com），该集团在泰国各地都开设有医院。在苏梅岛，有两家班顿国际医院（Bandon International Hospital）的诊所（☎ 0 77 24 52 38），一家位于波菩和查汶之间的环路上，另一家位于查汶海滩的新城购物中心（Xin City Shopping

实用信息

Mall）。您也可以在苏梅岛国际医院（Samui International Hospital ☏ 0 77 42 22 72 @ www.sih.co.th）就诊。所有医院都提供24小时的紧急救助服务。

一般来说，泰国医院将患者视为门诊病人。医院会通过您居住国的商业医疗保险报销，因此您应该带着您的保险卡和保险单的复印件。如果保险公司不能保证立即报销，您必须先自行支付。如果您的保险不能跨国报销，我们建议您购买一份海外医保。帕岸岛的班泰有曼谷医院集团运作的一家急诊小诊所（☏ 0 77 23 95 99）。班顿国际医院在帕岸岛的林海滩也有一家小医院（☏ 0 77 24 52 38）。龟岛也有一家曼谷医院的卫生站（☏ 0 77 45 60 37）。

网络/无线网

所有旅游区都有网吧（¥ 价格通常为每分钟1泰铢），但其数量正在逐渐减少，因为越来越多的度假村和餐馆等都有无线网热点，为客人提供笔记本电脑和智能手机的上网服务，大部分都非常便宜或是免费使用的。然而，一些度假村出现过破解客人密码的事件。如果您想要在您的度假房间上网，您应该先询问一下收费的情况。

天气/旅行时间

在泰国，每年的11月到次年的2月被认为是一年中最凉爽的时段，夜间温度低至20摄氏度，白天温度略微高于30摄氏度。在那之后直到5月，天气都会非常炎热，白天超过30摄氏度，而夜晚一般不会跌落到30摄氏度以下。自雨季一直到10月，气温会再度下降，但高湿度则会严重影响气温的变化。

苏梅岛和帕岸岛两个岛屿都有自己的小气候，这是由于东北季风，在北半球冬季时它于马来西亚东海岸肆虐，即便是在泰国湾的山麓也会受到影响。而在11月和12月出行时，您必须把暴风雨考虑在内，因为这会导致岛屿和大陆之间的渡轮服务中断。虽然圣诞节、新年前后是绝对的旺季，但此时连续几天下雨的情况并不少见。理想的旅行时间从2月开始。降雨通常在8—10月，这段时间全国性雨季达到顶峰，而海湾的岛屿则可以幸免。虽然时不时会下大雨，但一般不会一整天都阴云密布。天气预报可以在泰国气象局（Thai Meteorological Department @ www.tmd.go.th/en）或 @ www.wetteronline.de/thailand.htm上查到。

媒体

英文日报《曼谷邮报》（Bangkok Post @ www.bangkokpost.com）和《国民报》（The Vation @ www.nation-multimedia.com）提供有关国内和国际新闻的详细信息。您还可以在许多度假村接收到当地电视频道苏梅岛频道（@ www.samuichannel.tv）。在苏梅岛还可以接收到国际媒体，许多酒店都可以收看到CNN、CNBC和BBC。

增值税

高档酒店和餐馆会加收7%的增

苏梅岛　帕岸岛

值税，需要收取的税费会在菜单或者酒店价目表中单独列出。而购物所加收的增值税则可以通过退税回收，前提是这些商品（宝石除外）价值至少5 000泰铢，而且在商店购物时每天每次至少花费2 000泰铢，在携带游客增值税退税标志的商店购物，并填写相应表格，不要忘记出示您的护照。这笔税款将在苏梅岛和曼谷的机场退还。由于这可能要花很长时间，所以您不应该拖到最后再去做。工作人员还要亲自看一下您购买的东西，所以请不要把它们放在箱子最底部。整个程序可以在泰国税务机关的网站上找到：@ www.rd.go.th/vrt/engindex.html。

汽车租赁

泰国靠左开车。在狭窄的街道和斜坡上开车需要非常小心。在苏梅岛上，您可以在纳吞大部分的海滩和度假村租赁到汽车或摩托车（必须佩戴头盔，需要国际驾照）。在帕岸岛，您可以用帕岸旅行（Phangantravel ☎ 0 77 23 82 38 @ www.phangantravel.com）在通沙拉和林海滩租用吉普车、助力车和山地自行车，一定要保证安全。租一辆助力车每天约需人民币40元，一辆吉普车的日租金最便宜则约人民币220元。大型的商家在苏梅岛都设有不同的站点，例如，在机场的安飞士（Avis ☎ 08 47 00 81 61 @ www.avisthailand.com）和巴吉（Budget ☎ 077961502 @ www.budget.co.th）。

公共交通

在苏梅岛，皮卡（songtaeo）从清晨到21:00左右沿着固定路段行驶。从纳吞码头到湄南海滩，费用为60泰铢，到查汶为80泰铢，到拉迈为100泰铢。但在人口稠密的南海岸，皮卡可能要花数小时才能走完全程。帕岸岛也有固定价格的皮卡，从通沙拉的码头到林海滩或长滩将收取100~150泰铢。

邮局

寄往中国的航空信件10克以内17泰铢，明信片15泰铢（约5—7天可达），空运包裹10千克以内4 250泰铢。

电源

电源电压为220伏。现在圆形插座逐渐取代了扁平插座，您可以在电器城购买到转接头。

电话/手机

从泰国境外拨打泰国电话需加拨0066，然后再输入不加零的本地号码。如果您想在泰国境内拨打固定电话，则必须拨打本地电话的完整号码。

在当今移动时代，泰国的公共电话亭正在飞速消失，但电话卡还是可以在很多商店里买到的。酒店经常会收取比正常资费高出许多的附加费。您的手机会自动连接到运营商在泰国的合作伙伴的网络。当然，最便宜的

实用信息

方法还是取出中国的SIM卡,插入一张泰国SIM卡来打电话。这样可充值的电话卡可以在许多商店里凭借护照购买,例如在7-11便利店。使用官方区号00149,用泰国SIM卡拨打中国电话的费用约为每分钟20泰铢。泰国运营商正提供越来越多的不同资费与不同通话质量的服务,拨打中国电话的平均资费是每分钟8泰铢。最大的两个运营商是AIS(@ www.ais.co.th/

苏梅岛　帕岸岛

en）和DTAC（@ www.dtac.co.th/en/prepaid）。如果您想新买一部手机来装泰国SIM卡，许多商店都有提供。一部最便宜的无合约手机约为人民币200元，二手手机则更便宜。

旅游警察

旅游警察时刻为旅客服务：在境内可以拨打电话1155寻求帮助。苏梅岛的分局位于查汶的查汶湖麦当劳后面，以及波菩环路的Big C购物中心旁。

小费

在简单的小餐馆或者小吃摊（大排档）通常不需要付小费，而许多好一点的餐馆会收取10%的服务费。这笔小费不是必需的，但如果服务员收到小费还是会很高兴的。乘坐出租车一般不用给小费，但是车费一般会凑整十。因为苏梅岛上的出租车司机不爱打表（虽然车上有计价器），所以要提前商量好车费。

住宿

在苏梅岛和帕岸岛，您可以找到各种价位的住宿。本书给出的价

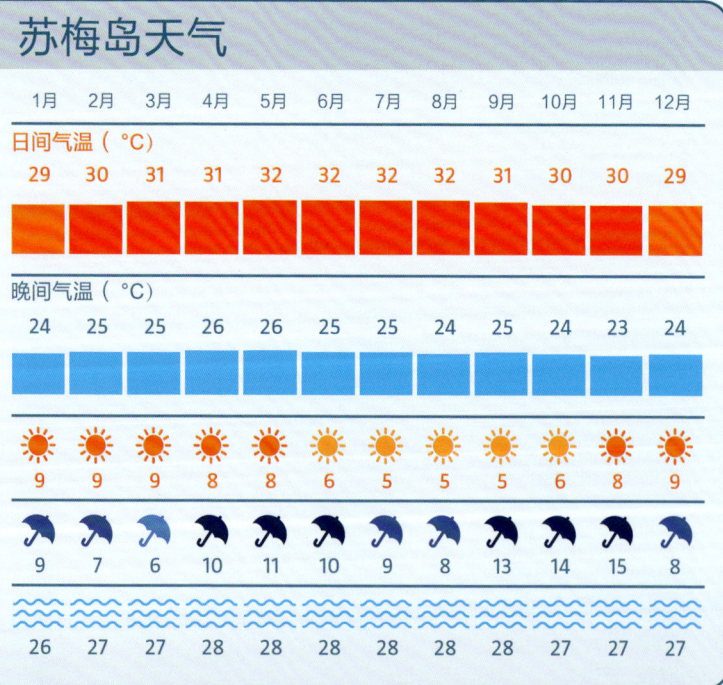

苏梅岛天气

	1月	2月	3月	4月	5月	6月	7月	8月	9月	10月	11月	12月
日间气温（°C）	29	30	31	31	32	32	32	32	31	30	30	29
晚间气温（°C）	24	25	25	26	26	25	25	24	25	24	23	24
☀ 每天日照时长	9	9	9	8	8	6	5	5	6	6	8	9
☂ 每月降雨天数	9	7	6	10	11	10	9	8	13	14	15	8
≈ 水温（°C）	26	27	27	28	28	28	27	27	27	27	27	27

实用信息

格主要参考了11月中旬到次年2月底的旺季价格。许多酒店在圣诞节和新年之间会收取10%~20%的附加费。在旺季的前后,折扣可能高达40%。通过互联网预订比电话或者到店预订会便宜很多。直接通过酒店官网或者 @ www.asiarooms.com,www.booking.com或www.agoda.com等专业酒店预订商预订。最后时限优惠可以在 @ www.latestays.com找到。当地酒店的网上供应商有 @ www.samuiwave.com和www.phanganresorts.com。遗憾的是,当地酒店盛行强制让顾客参加昂贵的圣诞或新年晚餐的坏风气,所以预订的时候一定要小心这样的陷阱,避免旅途中发生不愉快的事情。

货币

1泰铢等于100撒丹。流通的货币有20、50、100、500和1 000泰铢。25和50撒丹的硬币只有在超市中才能找到。通常流通的硬币有1、2、5和10泰铢。在机场换钱非常不划算。

时间

北京时间比泰国曼谷当地时间早1个小时。

海关

个人物品可以免税入境,价值超过10 000美元的外币必须申报。佛像、古董和动物产品的出口需要许可证。有价值和历史的佛像以及大部分的动物产品不得出口。

货币汇率

1泰铢约为人民币0.2127元

人民币1元约为4.7014泰铢

教你当地话

常用表达

是/不是/也许	yes/no/maybe
请/谢谢。	please/thank you
不好意思!	Sorry!
打扰您了。	Excuse me!
我可以……吗? /什么?	May I...?/Pardon?
我想……/您有……吗? /我在找……	I would like to.../Have you got...?/I'm looking for...
……多少钱?	How much is...?
我(不)喜欢这个。	I (don't) like this.
好的/坏的	good/bad
坏了/不起作用了	broken/doesn't work
太多了/很多/很少	too much/much/little
全部都/全部都不	everything/nothing
帮帮忙! /注意了! /当心!	Help!/Attention!/Caution!
救护车	ambulance
警察/消防	police/fire brigade
禁止/禁止的	ban/forbidden
危险/危险的	danger/dangerous

问候/告别

早上好! /下午好!	Good morning!/afternoon!
晚上好! /晚安!	Good evening!/night!
您好! /再见!	Hello!/Goodbye!
我叫……	My name is ...
您叫什么?	What's your name?
我来自……	I'm from...

日期、时间

周一/周二	Monday/Tuesday
周三/周四	Wednesday/Thursday
周五/周六	Friday/Saturday
周日/工作日	Sunday/weekday
节假日	holiday
今天/明天/昨天	today/tomorrow/yesterday

您会说英语吗?
这里有重要的常用词汇和表达方式。

小时/分钟	hour/minute
天/夜/周	day/night/week
月/年	month/year
现在几点了?	What time is it?
现在三点了。	It's three o'clock.
现在三点半了。	It's half past three.
三点四十五/四点十五	a quarter to/past four

泰语

斜体(男性表达形式)应根据需要替换为括号内的女性表达形式。

对/不对	*kap (ka)*, tschai/ mai tschai
请/谢谢	koo...noi/kop khun *kap (ka)*
不好意思	koo thoot
日安/晚安	sawadii *kap (ka)*
再见	sawadii
我叫……	tschan dschu...
我来自……	tschan ma dschag...
……中国	pratet China ...
我听不懂	tschan mai kautschai khun
多少钱	ni laka taulai
请问,……在哪里	koo toot *kap (ka)* ...juu thi nai

1 nüng	5 haa	9 gau
2 soong	6 hok	10 sip
3 saam	7 dschet	20 jii sip
4 sii	8 baat	100 nüng loi

交通

开门/关门	open/closed
入口/出口	entrance/exit
起飞/降落	departure/arrive

苏梅岛　帕岸岛

卫生间	toilets/restrooms
……在哪儿?	Where is/are…?
左边/右边/笔直向前	left/right/straight ahead
公交车/轻轨/出租车	bus/underground/taxi
城市地图/地图	street map/map
火车站/车站	(train) station/stop
机场/港口	airport/harbour
时刻表/票	schedule/ticket
单程/往返	single/return
火车/铁轨/站台	train/track/platform
我想要租……	I would like to rent…
汽车/自行车/小船	car/bicycle/boat
加油站/车库	petrol station/garage

用餐

请拿菜单。	The menue, please.
我想要点……	Could I please have…?
盐/胡椒/糖	salt/pepper/sugar
醋/油/柠檬	vinegar/oil/lemon
(不)带冰(汽)	with/without ice/gas
素食者/过敏	vegetarian/allergy
我想要结账。	May I have the bill, please?

购物

药店	pharmacy/chemist
面包房/市场	bakery/market
购物中心/百货商店/超市	shopping mall/department store/supermarket
100克/1千克	100 gram/1 kilo
昂贵/便宜/价格	expensive/cheap/price
多一些/少一些	more/less

住宿

我预订了一个房间。	I have booked a room.
单人间	single room
双人间	double room/twin room
早餐/淋浴/泡澡	breakfast/shower/bath
向前/去海边	forward/to the sea

教你当地话

钥匙/房卡	key/room card
行李/箱子/手提包	luggage/suitcase/bag

银行/金钱

银行/自动柜员机	bank/ATM
我想要换……	I'd like to change ...
现金/银行卡/信用卡	cash/ATM card/credit card
纸币/硬币	note/coin
零钱	change

健康

医生/牙医/儿科医生	doctor/dentist/pediatrician
医院/急诊诊所	hospital/emergency clinic
发烧/疼痛	fever/pain
腹泻/呕吐	diarrhoea/nausea
止痛片/药片	pain reliever/tablet

电话/网络

电话卡/手机	phone card/mobile
我在哪里可以接入网络?	Where can I find internet access?
我需要加区号吗?	Do I need a special area code?
网络连接/无线网络	internet connection/Wi-Fi

数字

0	zero	10	ten
1	one	11	eleven
2	two	12	twelve
3	three	20	twenty
4	four	50	fifty
5	five	100	(one) hundred
6	six	1 000	(one) thousand
7	seven	10 000	ten thousand
8	eight	1/2	a/one half
9	nine	1/4	a/one quarter

索引

苏梅岛(Ko Samui)
Antikes Teakholz House 古迹柚木屋 61
Ao Laem Din 奥兰勐町 64
Ban Durian 榴莲村 57
Bang Kao Bay 班考湾 60
Bang Po 邦宝 34
Bang Po Beach 邦宝海滩 34
Bang Rak Beach 挽叻海滩,详见大佛海滩
Ban Hua Thanon 华路 56、58、90、93、95
Ban Phan Ka 潘卡 94
Ban Tai 班泰 34
Ban Tai Beach 班泰海滩 34
Ban Tale 泰勒 61
Ban Taling Ngam 塔林甘 63、95
Ban Thong Krut 丁克鲁特 32、94
Big Buddha 大佛 41
Big Buddha Beach 大佛海滩 41、92、102、112
Bo Phut 波菩 12、21、32、38、92、100、103、113、115
Bo Phut Beach 波菩海滩 37、38
Cameron Hansen Gallery 卡梅隆·汉森画廊 43
Chalok Lam 查洛克拉 13、80
Chalok Lam Bay 查洛克拉湾 84、85、99
Chaweng 查汶 10、20、89、97、103、107、112、114、115
Chaweng Beach 查汶海滩 12、32、42、47、89、92、113
Chaweng Lake 查汶湖 50、115
Chaweng Noi Beach 小查汶海滩 51
Choeng Mon Beach 曾蒙海滩 46、57、102、105
Chong Khram Bay 春坎湾 64
Coco Splash Waterpark 可可水上乐园 104
Coral Cove 珊瑚湾 52
Coral Cove Beach 珊瑚湾海滩 52
Fisherman's Village 渔人村 20、38、92
Five Islands 五岛 63
Hin Ta & Hin Yai 祖父石和祖母石 53、90
Kap Laem Set 拉林 58
Khao Yai Waterfall 考艾瀑布 95
Laem Chong Khram 林城卡拉姆海角 64
Laem Sor Chedi 兰穆塔 61、93
Lamai 拉迈 10、98、103、104、114
Lamai Beach 拉迈海滩 12、21、53、90、93、100
Lipa Noi Beach 利巴诺伊海滩 64
Mae Nam 湄南 10、36、103
Mae Nam Beach 湄南海滩 12、36、92、100、112、114
Mu Ko Ang Thong Marine National Park 安通国家海洋公园 51、101、102、103
Na Khai Bay 纳开湾 102
Na Muang Waterfall 纳蒙瀑布 57、91
Na Thon 纳吞 10、12、64、65、91、97、102
Natien Beach 那迪恩海滩 58
Paradise Park Farm 天堂公园农场 96
Phra Yai Beach 帕雅海滩,详见大佛海滩
Samrong Bay 三荣湾 105
Samui Aquarium 苏梅岛水族馆 58、93
Samui Snake Farm 苏梅岛蛇农场 61、94
Santi Bay 桑蒂湾 64
Skippy Land 斯基比王国 105
Taling Ngam Beach 塔林甘海滩 62
Tamarind Springs 罗望子泉 21、55
Tamin Magic Buddha Garden 泰明魔法佛园 96
Thang Tanote Beach 通潭诺特海滩 62
Thong Krut Bay 丁克鲁特湾 60
Thong Son Bay 通子湾 44、102
Thong Takhian Bay 通塔黑安湾 53
Thong Yang Beach 通扬海滩,详见利巴诺伊海滩
Tong Sai Bay 通赛湾 45
Wang Sao Waterfall 汪赛瀑布 95
Wat Hin Lat 欣叻庙 65
Wat Khunaram 越信庙 57、90
Wat Kiri Wongkaram 克里王卡拉庙 63、95
Wat Phra Yai 帕雅庙 41
Wat Plai Laem 千手观音庙 41
Wat Pukhao Tong 布考冬庙 36

Ko Phangan 帕岸岛
Ban Khai 班凯 68、76
Ban Khai Beach 班凯海滩 71
Ban Nai Wok 奈沃克 80
Ban Nok 诺克 72
Ban Sri Thanu 斯塔露 82
Ban Tai 班泰 68、71、98、99、102、113
Ban Tai Beach 班泰海滩 71、106
Ban Thong Nai Pan 通奈潘 78、99、106
Ban Wok Tum 沃克通 81
Chalok Lam 查洛克拉 13、80、86、91、99
Chalok Lam Bay 查洛克拉湾 85、99
Chao Pao Beach 柴老海滩 20、82、91
Hat Khuat 瓶子海滩 80、87、99
Hat Mae Hat 湄哈海滩 85、102
Hat Rin 林海滩 13、21、26、68、73、76、91、98、106、112、114
Hat Sadet 萨得海滩 76、98
Hat Son 松海滩 83
Hat Thong Nai Pan Noi 通奈潘诺海滩 78
Hat Thong Nai Pan Yai 通奈潘伊海滩 78
Hat Tien 提恩海滩 76、102
Hat Yao 长滩 80、83、102、114
Hat Yuan 元海滩 92
Kuan Yin Tempel 观音庙 85、91
Laemson 连赛 82
Leela Beach 莉拉海滩 73
Mae Hat Bay 湄哈湾 84、91
Nai Wok Bay 奈沃克湾 80

在此可查询书中涉及的重要人名、地名和其他专有名词，后附相关页码。

Sri Thanu Beach 斯塔露海滩 82
Sunset Beach 日落海滩 92
Than Sadet Waterfall 萨देत瀑布 76、98
Thong Sala 通沙拉 13、68、76、80、87、91、98、112、114
Wat Kow Tham 考坦庙 72
Wat Nai 奈庙 72、98
Wat Pho 澎庙 72、99
Wok Tum Bay 沃克通湾 80

其他岛
Ko Fan 芬岛 41
Ko Ma 麻岛 84、91、102
Ko Mad Sum 马德孙岛 62
Ko Mae Ko 马可岛 51
Ko Phaluai 帕鲁艾岛 51
Ko Taen 塔恩岛 62
Ko Tao 龟岛 42、70、102、103、110、113
Ko Wua Talap 瓦拉塔普岛 51

关键词以及人物
猴子 22
黑月派对（Black Moon Party）106
佛教 25、72
水牛格斗 24
大象 78
老外 24
家庭 84
足球高尔夫（Football Golf）104
满月派对（Full Moon Party）13、20、26、73、106、112
高尔夫 100
半月派对（Half Moon Party）106
划独木舟 101
风筝冲浪 101
普密蓬·阿·杜德国王（Bhumibol Adulyadej）12、76、98、107
朱拉隆功国王（Chulalongkorn）76、107
哇集拉隆功国王（Maha Vajiralongkorn）12、107
艺术小船 25、55
迷你高尔夫 103
米拉比里人（Mlabri）72
自行车 102
皮影 62
蛇 61
浮潜 102
帆船 102
泼水节（Songkran）106
站立式划水 102
藤球（Takraw）26
文身 72
潜水 102
风帆冲浪 103

图片来源

封面图片：塔林甘海滩，苏梅岛（huber-images: O. Stadler）

图　　片：DuMont Bildarchiv: Sasse（P.54, P.104）; W. Hahn（折页左, P.5上右, P.26/27, P.42, P.77, P.80/81, P.85, P.108下）; huberimages: K. Kreder（P.52）, Mehlig（P.6）, R. Schmid（P.8/9, P.22/23, P.36, P.39, P.67）, O. Stadler（P.1）; huber-images/Limmatdruck（P.30右）; © iStockphoto: Mike Panic（P.20上）; Laif: Sasse（P.53）; Look/age fotostock（折页右）; K. Maeritz（P.19, P.46, P.106）; mauritius images: M. Bärsch（P.14）, J. Warburton-Lee（P.94）; mauritius images/age（P.57）; mauritius images/Alamy（P.7, P.13, P.15, P.17, P.18, P.31, P.65, P.68/69, P.78/79, P.86, P.98）; mauritius images/Imagebroker: J. Beck（P.56）; mauritius images/imagebroker: Kreder（P.10/11, P.49, P.105）; O. Stadler（P.28/29）; mauritius images/Westend61（P.100/101）; mauritius/Alamy（P.3）; H. Mielke（P.82）; O. Stadler（P.16, P.24, P.30左, P.32, P.34/35, P.40, P.44/45, P.63, P.70, P.74, P.97, P.108上, P.115）; O. Stadler/A. Stubhan（P.107, P.109）; T. Stankiewicz（P.32/33, P.33, P.58/59, P.60, P.73, P.103, P.106/107）; Tamarind Springs, Samui（P.21

苏梅岛　帕岸岛

上）；The Library（P.20中）；Treetop Tour Cable Ride：Brian Shook（P.20下）；Vikasa Yoga（P.21下）

本书地图系原版书地图

在旅行
Traveling